말문이 술술 트이는
순간 영작문
초급

CD BOOK DONDON HANASU TAME NO SYUNKAN EISAKUBUN TRAINING
ⓒ YOSUKE MORISAWA 2006

Originally published in Japan in 2006 by BERET PUBLISHING CO., INC.
Korean translation rights arranged through TOHAN CORPORATION, TOKYO.
and BC Agency, SEOUL.

이 책의 한국어판 저작권은 BC 에이전시를 통한 저작권자와의 독점계약으로 나라원에 있습니다.
신저작권법에 의해 한국 내에서 보호를 받는 저작물이므로 무단전재와 복제를 금합니다.

말문이 술술 트이는
순간 영작문
초급

모리사와 요스케 **지음** | 은영미 **옮김**

나라원

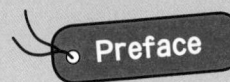

순간 영작으로 영어 말문 트기

당신은 영어를 공부하는 목적이 무엇인가요? 아마도 저처럼 영어를 유창하게 구사하고 싶어서일 것입니다. 하지만 실제로는 영어 공부를 많이 한 사람도 말은 전혀 못하는 경우가 많습니다. 읽기와 듣기 다 잘하는데 말이지요.

회화를 잘하려면 머리로만 '알고 있던 영어'를 '말하는 영어'로 바꿔 나가야 합니다. 어려운 영문을 아무리 잘 읽고 이해해도, 아무리 멋진 표현을 많이 알고 있어도, 간단한 문장조차 얼른 입 밖으로 꺼낼 수 없다면 영어로 말하는 것은 불가능하기 때문입니다.

그러면 어떻게 해야 머리로만 알고 있던 영어를 쓰이는 언어, 살아 있는 언어로 구사할 수 있을까요? 그것은 머릿속으로 영문을 만드는 과정 없이 반사적으로 말할 수 있는 능력을 갖춰야 합니다. 그 능력은 바로 영어 단문을 입으로 빠르게 만드는 연습, 즉『순간 영작문』트레이닝을 통해 갖출 수 있습니다.

하지만 시중에 나와 있는 영어 학습서들은 문형은 기초 수준이지만 어려운 단어와 표현들이 많아 말로 영작하기가 어려울 뿐만 아니라 어휘가 쉽다고 해도 연습할 문장이 턱없이 부족해 깊이 있는 학습이 불가능합니다. 그래서 기획된 것이 이 책입니다.

순간 영작문 트레이닝은 중학 수준의 문형으로 시작합니다. 단어와 표현이 쉽고 간단해 어려운 단어나 문법을 외울 필요 없이 영작 연습에만 전념할 수 있습니다. 1문형 당 10문장씩 총 790문장이 실려 있어 영작문 학습량으로도 충분합니다. 또한 MP3도 무료로 제공하니 우리말 문장을 듣고 일시정지 사이에 영어로 옮기는 연습을 하면 말하기부터 듣기 훈련까지 한 번에 이뤄집니다.

이 책이 이끄는 대로 차근차근 트레이닝을 밟아 나가세요. 트레이닝이 거듭될수록 영어로 말하는 능력이 생기며, 최종 3단계까지 트레이닝이 끝나면 영어로 말하는 것이 우리말 하듯 쉽고 자연스러운 일이 되리라 자신합니다. 마음이 급하신 분들은 하루 2페이지씩 총 10문장을 목표로 79일만 도전해보세요. 원어민을 만나도 더는 도망가지 않고 영어로 말할 수 있게 될 것입니다.

그러면 지금부터 영어로 말하는 훈련을 시작해보겠습니다.

지은이 모리사와 요스케

Contents

Preface 순간 영작으로 영어 말문 트기   4
1. 순간 영작문 트레이닝이란?   10
2. 순간 영작문 트레이닝의 방법   18

Part 1 중학 1학년 수준   31

01	this · that	32
02	these · those	34
03	What is [are] ~?	36
04	인칭대명사의 주격	38
05	인칭대명사의 소유격	40
06	Who is [are] ~?	42
07	일반동사	44
08	how many [much] ~?	46
09	인칭대명사의 목적격	48
10	인칭대명사의 독립소유격	50
11	명령문	52
12	Whose	54
13	Where	56
14	When	58
15	Which	60
16	it	62
17	What time ~?	64
18	how	66

19	how old [tall] ~?	68
20	의문사 주어의 who	70
21	can	72
22	현재진행형	74
23	There is [are] ~	76

Part 2 중학 2학년 수준 — 79

01	과거형	80
02	과거진행형	82
03	when절	84
04	일반동사의 SVC	86
05	SVO + to [for]	88
06	SVOO	90
07	will(단순미래)	92
08	will(의지미래)	94
09	will(의뢰) · shall(신청 · 권유)	96
10	be going to	98
11	must · may	100
12	have to	102
13	be able to	104
14	감탄문	106
15	부정사의 명사적 용법	108
16	부정사의 부사적 용법(목적)	110
17	부정사의 부사적 용법(감정의 원인)	112
18	부정사의 형용사적 용법	114

19	동명사	116
20	원급비교	118
21	비교급 – er형	120
22	최상급 – est형	122
23	비교급 – more	124
24	최상급 – most	126
25	비교급 – 부사	128
26	최상급 – 부사	130
27	비교급·최상급을 사용한 의문사 문장	132
28	현재완료의 계속	134
29	현재완료의 완료	136
30	현재완료의 경험	138
31	현재완료의 진행형	140
32	that절	142
33	수동 1	144
34	수동 2	146

Part 3 중학 3학년 수준 — 149

01	종속절을 이끄는 접속사 1	150
02	종속절을 이끄는 접속사 2	152
03	간접의문문	154
04	의문사 + to부정사	156
05	형식주어 it	158
06	SVO + to부정사	160
07	SVOC	162
08	현재분사 수식	164
09	과거분사 수식	166

10	관계대명사의 주격(사람)	168
11	관계대명사의 주격(사람 외)	170
12	관계대명사의 소유격 whose와 of which	172
13	관계대명사의 목적격(사람)	174
14	관계대명사의 목적격(사람 외)	176
15	선행사를 포함한 관계대명사 what	178
16	too ~ to …	180
17	enough ~ to …	182
18	so ~ that …	184
19	원형부정사의 지각	186
20	원형부정사의 사역	188
21	관계부사 – where	190
22	관계부사 – when	192

작가후기
내가 경험한 순간 영작문 트레이닝　　　　　195

1 순간 영작문 트레이닝이란?

잘못된 영어 공부 습관 바꾸기

이 책을 손에 든 당신은 영어를 자유롭게 구사하고 싶다는 소망을 가지고 있을 것입니다. 그 소망을 이루기 위해 영어 회화 학원에도 다녀보고 영어 문장을 통째로 암기하기도 했지만, 성과는 그다지 만족스럽지 못했을 것입니다.

왜 많은 사람들이 영어로 말하는 것을 어려워할까요? 그 원인 중 하나는, 영어가 회화보다는 학교 내신이나 대학 입시를 위한 과목으로서 더 큰 비중을 차지하고 있기 때문입니다. 따라서 회화의 절대 조건인 스피드는 소홀히 하고 이론 실력만 계속 키우게 됩니다. 그 결과 원어민조차 꺼리는 어려운 영문은 척척 해석하지만 간단한 말조차 하지 못하는 웃지 못할 현상이 빚어지는 것입니다.

"영어 회화는 오랜 세월 영어권 나라로 유학이나 이민을 가서 살지 않는 한 절대 잘할 수 없어"라고 말하는 사람이 있습니다. 또 "나는 영어 한 마디도 못하는데 어떻게 말로 영작을 해? 그건 너무 어려워"라고 말합니다. 이는 영어를 아직도 이론 공부로 대하고 있다는 증거입니다.

『순간 영작문』은 중학생 이상을 대상으로 한 책으로, 미국인 앞에만 서면 입이 얼어 버리거나, 머릿속으로 문법을 정리하다가 한 마디도 못하고 끝나버리는 사람들을 위해 만들어진 트레이닝 교재입니다.

학교에서 배우는 영어가 '무작정 암기하기'였다면, 순간 영작문 트레이닝은 굳이 영어를 외우려 애쓰지 않아도 '저절로 입에 착 붙이는 훈련법'입니다.

영어를 잘하고 싶다면 기존의 영어 공부에 대한 인식을 바꾸세요. 이 책이 당신의 해묵은 영어 공부 습관을 바꿔줄 것입니다.

저절로 영어 말문 트기

생각을 거치지 않고도 반사적으로 완성된 영문을 구사하는 능력을 일컬어 이 책에서는 '영작문 회로'라고 표현합니다. 뇌 속에 영작문 회로를 심기 위해서 제일 먼저 중학 수준의 영문을 문형별로 만드는 연습부터 시작할 것입니다.

잠시 몇 가지 테스트를 해보겠습니다.
아래의 한글 문장을 바로 영어로 바꿔서 말해보세요.

① 나는 학생 때 전 과목 중에서 수학을 가장 좋아했다.

② 너는 저 선생님한테 꾸중 들은 적 있니?
③ 어제 우리가 만난 여자는 그의 이모입니다.

만약 당신의 입에서 바로 영문이 튀어나왔다면 이 책을 공부할 필요가 없습니다. 하지만 이 문장을 보고 바로 영어로 말할 수 있는 사람은 아마 거의 없을 것입니다. 더욱이 이 책에 관심을 가진 사람이라면 말이죠.

이번에는 반대로 아래와 같은 영문이 있습니다.

① When I was a student, I liked mathematics (the) best of all the subjects.
② Have you ever been scolded by that teacher?
③ The woman (whom / that) we saw yesterday is his aunt.

위의 영문을 보면 '뭐, 이쯤이야' 하며 쉽게 해석할 수 있을지 모릅니다. 하지만 이 영문을 곧바로 말할 수 없는 사람은 중학 영어를 '알고 있는' 단계에서 '말할 수 있는' 단계로 발전시키지 못했다는 증거입니다.

그러나 실망하거나 좌절할 필요는 없습니다. 『순간 영작문』 트레이닝은 이렇게 쉬운 작문부터 시작합니다.

① 저것은 그의 가방이다. → That is his bag.
② 이것은 그녀의 자전거입니까? → Is this her bicycle?
③ 이것은 당신의 책입니까? → Is this your book?
④ 저것은 그들의 집이 아니다. → That is not their house.
⑤ 이것은 너의 방이 아니다. → This is not your room.

이 책은 이러한 수준의 영문을 문형 별로 10개씩 영작할 수 있도록 구성되어 있습니다. 우리말 문장을 영어로 바꿔 말하기 때문에 암기한다는 느낌이 전혀 들지 않습니다. 중요한 것은 속도와 양인데 처음에는 더듬거리더라도 계속 연습하다 보면 평소 우리말을 하듯 영문이 저절로 튀어나오게 됩니다. 그렇게 되면 당신은 더 이상 영어 한 마디를 위해 머릿속에서 문장을 이리저리 만들고 고치는 수고로움 없이 영어를 순간적으로 내뱉을 수 있게 됩니다.

당신도 이 『순간 영작문』 트레이닝이 비영어권 나라에서 영어를 원어민만큼 구사할 수 있는 가장 빠르고 효과적인 방법임을 실감하게 되리라 믿습니다.

『순간 영작문』 트레이닝의 단계별 순서

트레이닝은 다음과 같이 3단계로 구성되어 있습니다. 이 트레이닝은 저뿐만 아니라 제가 가르치는 학생들이 실제로 효과를 본 방법입니다. 믿고 따라하셔도 좋습니다.

| 1단계 트레이닝 |

'영작문 회로'의 기초를 다지는 가장 중요한 단계입니다.

1단계의 목표는 중학 수준의 문형으로 정확하고 빠르게 영작하는 실력을 기르는 것입니다. 따라서 1단계에서는 어려운 단어나 문법이 전혀 없는 '한눈에 봐도 시시할 만큼 쉽고 간단한 문장'을 사용합니다. 처음부터 너무 어려운 단어와 표현이 실린 책으로 공부하다가는 며칠 못가 포기해버리기 십상이기 때문입니다.

예를 들어 'when절'을 연습하기 위해서 '판매 부장의 판매 보고를 들은 순간, 사장은 즉시 다음 사분기 전략을 세웠다.'라는 예문을 영작한다면 어떨까요. 대부분은 머릿속으로 암기해 두었던 '판매 부장', '매출 보고', '사분기', '전략을 세우다' 따위의 영어 표현을 조각조각 떠올리다가 결국 한 마디도 입 밖에 꺼내지 못하고 맙니다.

거기에 비해 '그가 외출했을 때, 하늘은 푸르렀다.'라는 정도의 간단한 예문이라면 어떨까요. 우선 영작하는 데 부담감이 덜할 뿐 아니라 같은 시간 안에 하나라도 더 많은 영작을 할 수 있습니다.

서문(preface)에서도 말했듯이, 영어를 자유롭게 구사하려면 무엇보다 간단한 영문을 재빠르게, 하나라도 더 많이 영작해보는 것이 중요하다는 점을 다시금 강조하고 싶습니다. 바로 그 점을 겨냥해 특별히 기획된 이 책으로 가장 중요한 1단계 트레이닝을 마스터하기 바랍니다.

| 2단계 트레이닝 |

2단계에서도 중학 수준의 문형으로 영작 연습을 합니다. 다만 2단계에서는 1단계에서 더 나아가 기본 문형을 여러 가지로 응용합니다. 즉 1단계에서는 부정사, 수동태 등 같은 문형별로 연습했다면, 2단계에서는 문형의 순서를 섞거나 혹은 두 가지 문형이 결합된 문장으로 연습합니다.

1단계가 같은 문형이 나열되어 있는 직진 길인 데 비해 2단계에서는 문형 변화가 어지럽게 일어나서, 곧은 길을 잘 달리던 자동차가 갑자기 구부러진 길을 달리거나 유턴을 하는 등 복잡한 코스를 달리는 것과 같습니다. 이 과정을 거쳐야 영어로 대화할 때 필요한 응용력과 반사신경이 길러집니다.

그래서 2단계 교재는 영문이 문형별로 나열되어 있지 않고 뒤섞인 것을 사용하는데 특히 내용이 대화나 이야기로 되어 있으면서, 같은 문형이 연속적으로 나열되어 있지 않은 것이 2단계 교재로 적절합니다. 2단계 트레이닝은 문형이 **뒤**섞여 있기 때**문**에 '셔플(shuffle) 트레이닝'이리고도 부르며, 이 책의 **중급** 편인 『순간 영작문 셔플 트레이닝』이 바로 2단계 책입니다.

2단계부터는 영작하기가 다소 어렵게 느껴질 수 있습니다. 그러나 한 문장 안에 여러 문형만 섞여 있을 뿐, 그 문장을 이루고 있는 어휘와 표현은 1단계처럼 모두 중학 수준입니다. 물론 이 트레이닝에서 느끼는 난이도는 개인차가 있겠지만 2단계 교재를 가지고 트레이닝을 계속한다면, 중학 수준의 문장은 입에서 거침없이 술술 나오게 될 것입니다. 여기에 이르면 2단계가 완성되면서 영어 회화에 필요한 '영작문 회로'가 당신의 머릿속에 단단히 설치됩니다.

| 3단계 트레이닝 |

드디어 트레이닝의 최종 단계입니다. 3단계에서는 2단계까지 이어지던 중학 문형의 틀을 벗어나 모든 문형과 표현을 습득해 나갑니다. 2단계까지 중학 수준의 문형을 익혔다면, 3단계에서는 고등학교 과정 이후의 문형을 이 책의 고급편 『순간 영작문 패턴 프랙티스』를 통해 연습합니다. 이미 영작문 회로가 완성돼 있고 중학 문형을 마스터한 후이기 때문에 그동안 어렵게만 느꼈던 구문이 쉽게 느껴질 것입니다. 고교 이후에 배우는 구문도 실은 중학 문형을 결합하거나 추가한 것에 지나지 않기 때문이죠.

또 영어 문형이란 무한히 존재하는 것이 아니기 때문에 문형은 언젠가 모두 습득할 날이 옵니다. 그러나 어휘와 표현은 끝이 없습니다. 우리말 표현을 다 알기란 불가능한 것처럼 3단계에서는 '완결 혹은 마스터'라는 개념은 존재하지 않습니다. 영어를 사용하는 목적과 목표 수준에 맞춰서 각자가 학습의 강도를 높여나가시기 바랍니다.

흔히 영어 공부를 하겠다고 마음먹으면 일단 단어와 문법 암기에 매달리는 경우가 많습니다. 이는 영작문 회로가 만들어지지 않은 상태, 즉 1·2단계를 거치지 않고 바로 3단계부터 시작하는 것과 같습니다. 당연히 결과는 형편없을 수밖에 없겠죠. 기본적인 문장조차 구사할 수 없는데 3단계와 같은 유창한 영어 실력을 기대하기란 어려운 일입니다. 더욱 안타까운 것은 이렇게 몇 가지 표현을 힘들게 외웠어도 그 표현을 끼워 넣은 문장을 재빨리 만들어낼 수 없다는 것입니다. 그래서 애써 암기한 표현도 결국 기억 창고에서 먼지를 뒤집어쓰고 있다가 마침내는 사라지게 됩니다.

이 책에서 제안하는 트레이닝을 단계별로 착실하게 밟아나가면 영어로 말하는 능력이 차츰 길러지고, 마침내 3단계 트레이닝까지 완성하면 영어를 충분히 구사할 수 있습니다. 3단계는 즉 수확하는 단계입니다. 풍성한 수확을 얻기 위해서는 1단계에서부터 토양을 잘 갈고 닦은 뒤 씨앗을 단단히 심어둘 필요가 있습니다.

먼저 이 책으로 가장 중요한 1단계 트레이닝을 시작해주세요.

단문 암송 = 순간 영작문 트레이닝의 단계 진행

1단계 트레이닝

중학 영어 수준의 간단한 문장을 문형별로 확실하고 자연스럽게 만들 수 있게 한다. 단어와 표현이 전혀 어렵지 않은 시시할 만큼 쉬운 예문을 사용한다. =『순간 영작문』

'영작문 회로'의 기초공사! 이 책은 1단계 트레이닝 책이에요.

2단계 트레이닝

중학 영어 문형의 문장을 다양하게 순식간에 만들 수 있게 한다. 영문을 반사적으로 만드는 '영작문 회로' 머릿속에 설치 완료! 예문이 문법과 문형별로 차례로 나열되지 않고 뒤섞인 것, 혹은 두 문형이 결합된 예문을 사용한다. =『순간 영작문 셔플 트레이닝』

'영작문 회로' 완성이요!

3단계 트레이닝

모든 문형과 구문을 자유롭게 표현할 수 있게 한다. 2단계까지 끝내고 얻은 '영작문 회로'로 중학 영어 수준을 넘어서서 갖가지 긴 문장을 이용해 다양한 구문, 문형, 표현을 습득한다. =『순간 영작문 패턴 프랙티스』

2단계까지 머릿속에 심은 '영작문 회로'로 표현의 폭을 넓혀 가요.

2 순간 영작문 트레이닝의 방법

사이클 회전법으로 각 파트 끝내기

 이 책의 연습 Part는 총 3부로 구성되어 있습니다. Part1을 완성하고 나서 Part2로, Part2를 완성하고 나면 Part3로, 순서대로 각 Part를 끝내야 합니다.
 『순간 영작문』 트레이닝은 학교에서 공부했던 것과는 달리 아주 빠른 속도가 필요합니다. 이 트레이닝의 목적은 영어를 자유롭게 구사하기 위한 것이므로, 지금까지 시험공부 때 했던 느릿느릿하고 울퉁불퉁한 페이스는 잊어야 합니다. Part의 전 문장을 평상시 우리말 하는 속도로 구사할 수 있게 영작하는 것이 『순간 영작문』 트레이닝의 목표임을 잊어서는 안 됩니다.

 이처럼 빠른 속도와 매끄러운 언어 구사를 목적으로 할 경우 무엇보다 효과적인 것이 '사이클 회전법'입니다. 이 방법은 한 권의 교재를 한 번에 암기하지 않고, 가볍게 몇 번 훑듯이 반복함으로써 자연스럽게 장기 기억으로 새겨 나가는 방법입니다.
 학교 시험이나 입시 등의 수험 대비 영어는 시험이 끝나면 곧바로 잊어버리는 단기 기억과 얼마간의 중기 기억으로 남지만 결국에는 기억에서 사라지고 맙니다. 이렇듯 영어를 자유롭게 구사하기 위해서는 장기 기억이 필수 조건입니다.

예로 자신과 가족, 친구의 이름, 집 전화번호 등은 장기 기억으로 보존되어 있어 반영구적으로 잊힐 일이 없습니다. 이와 마찬가지로 영어로 말하려면 영어의 문법, 문형 구조, 어휘 등이 장기 기억으로 저장되어, 어떤 상황에서도 순간적으로 반응할 수 있어야 합니다. 장기 기억은 한 번의 암기로 저장될 수 없고 오직 반복 학습을 통해 자신도 모르는 사이에 저절로 터득되는 것입니다.

이처럼 자연스러운 장기 기억력에 가장 적합한 방법이 바로 '사이클 회전법'입니다.

그렇다고 '역시 영어는 반복 학습밖에 방법이 없는 거야…?'라며 실망하거나 부담감을 갖지는 마세요. 반복한다고 해도 시험 대비 때 하던 이론 위주의 지긋지긋한 암기와는 비교가 안 될 만큼 쉽고 재미있습니다. 사이클 횟수가 늘어남에 따라 속도도 붙고 편해지기 때문에 영작에 대한 자신감이 날로 커집니다.

'사이클 회전법'은 영작 실력을 편하고 빠르게 발전시키면서 장기 기억으로 저장시킵니다.

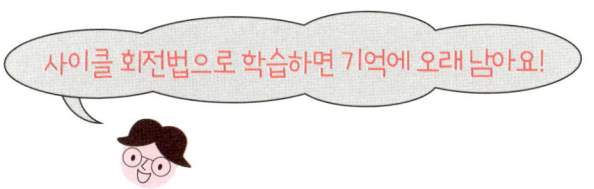

Part별로 재분할해서 학습하기

『순간 영작문』 전체를 완벽히 끝내려면 책 전체를 다시 몇 개 부분으로 나눈 다음 한 Part마다 '사이클 회전법'으로 끝마치는 것이 효율적입니다. 사이클 횟수가 늘어나면 늘어날수록 반복학습이 이뤄지기 때문에 영어 문장이 더 쉽게 그리고 더 오래 기억됩니다.

각 Part를 어떻게 나눌지는 각자 자신의 학습 속도나 취향에 맞춰서 정해주세요. 다만 제가 공부했던 경험이나 지도했던 경험으로 제안을 드린다면 한 Part 당 3~5개 부분으로 나누는 것이 적절합니다.

각 부분을 하나하나 완결한 후 마지막으로 전 Part를 한꺼번에 사이클을 돌리면 되는데, 부분별 영작이 끝나면 전체 영작은 별로 어렵지 않게 완성됩니다. 아무런 준비 단계 없이 Part 전체를 반복해서 돌리는 것보다 학습 시간도 덜 걸리고 어려움도 덜합니다. 처음부터 학습량을 과하게 잡는 것보다 적은 학습량으로 성취감을 맛보고 나면 그다음 과정은 수월하게 풀릴 테니 이 방법을 적극 활용해보세요.

사이클 회전법으로 학습하는 방법

Part2의 〈중학 2학년 수준〉을 사용해 설명하겠습니다. 전체는 34문형으로 구성되어 있는데, 여기에서는 11~12문형씩 3개 부분으로 분할했습니다.(p7~8 차례 참조)

| 제1 사이클 |
❶ 우리말 문장을 본 후 영작하기

영작은 말로 재빨리 해야 합니다. 바로 영작하기 힘들 때는 고민하지 말고 오른쪽 페이지 영문을 보세요. 어려운 수학 문제를 풀듯 오랜 고심은 금물입니다. 한 문장을 느릿느릿 영작하는 것이 아니라, ❶~❹단계를 막힘없이 할 수 있어야 영어로 말할 수 있는 그날이 옵니다.

❷ 영문을 보며 답 맞추기

자신이 만든 영문과 책 속의 답을 맞춰봅니다. 영문이 입에서 곧바로 나오지 않는다면 주저 말고 답을 보세요. 이 단계에서는 커닝을 적극 권장합니다. 다만 영문 답을 보았을 때 왜 이런 문장이 만들어졌는지 이해할 수 있어야 합니다. 뜻을 모르면서 외우는 것은 무의미하니까요.

또한 영문이 입에서 쉽게 튀어나왔더라도 답은 반드시 맞춰보세요. 회화를 잘하는 사람도 빠르게 표현하다 보면 주어와 동사의 위치, 시제 등 세밀한 부분에서 실수하기 쉽습니다. 자꾸 틀리게 연습하면 잘못된 습관이 들어 고치기 어렵습니다.

❸ 영문을 입에 착 붙이기

트레이닝의 가장 중요한 단계이면서, 많은 학습자들이 가장 소홀히 하기 쉬운 부분입니다.

학교에서 치르는 필기시험은 대부분 ❸단계까지면 충분할지 모릅니다. 하지만 영어로 말하려면 반드시 영문을 몇 번씩 반복해서 입에 착 붙여야 합니다.

방법은 먼저 영문을 보면서 몇 번씩 소리 내어 읽으면 됩니다. 그런데 갑자기 책을 덮고 암기하려고 하면 어조가 매끄럽지 못하고 더듬거리게 되죠. 이럴 땐 영문을 보면서 자연스럽게 말하듯 읽어 봅니다. 이때 단순한 소리가 되지 않도록 문장 구조와 의미를 이해하면서 소리 내어 읽어 보세요.

영문이 자연스럽게 입에 붙었다고 생각되면 이번에는 책을 덮고 영문을 암송해 봅니다. 그때도 문장 구조와 의미를 이해하면서, 실제로 자신이 그 문장으로 대화하는 것처럼 실감나게 암송해 보면 더욱 재미있습니다.

영어가 자연스럽게 입에 밸 수 있을 때까지 반복하세요.

❹ 막힘없이 영작하기

마지막으로 10개의 우리말 문장을 연속해서 한 번씩 영작해 봅니다. 몇 사이클 반복해서 전 Part가 완결되었을 때는 '순간 영작'이 막힘없이 연속해서 이뤄지게 되는데, 제1 사이클 째 ❶~❸단계 이후에는 속도가 잘 붙지 않을 것입니다. 그렇다고 걱정할 필요는 없습니다. 여기에서는 완결된 상태와 자신의 현재 상태가 어떤 차이가 있는지 알면 되니까요. 특히 이때, 막히는 문장이나 입에 잘 붙지 않는 구문 등을 더 확실히 공부해두면 좋습니다.

여기까지 설명하고 보니 ❶~❹까지의 단계가 각기 분리된 방법처럼 보이는데요, 각 단계가 끊기지 않게 연속해서 학습하세요. 그런 의미에서 제1 사이클의 학습 순서를 아래와 같이 포인트만 짚어 놓았으니 참조하세요.

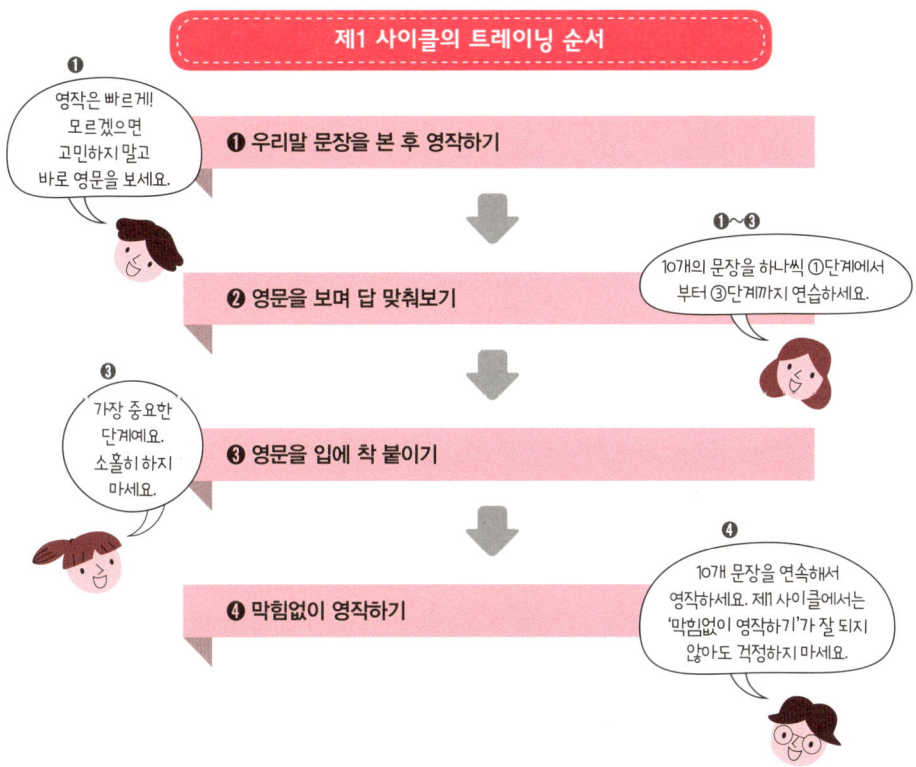

| 제2 사이클 이후 |

제2 사이클 이후부터는 모두 같은 과정입니다.

❶ 막힘없이 영작하기

제1 사이클의 마지막 단계였던 '막힘없이 영작하기'를 맨 처음에 합니다. 입에서 술술 나오지 않아도 상관없어요. 여기서는 자신의 현재 실력을 알아보기 위한 단계입니다.

❷ 영문을 입에 착 붙이기

영문을 보면서 몇 차례 소리 내어 읽습니다. 그것이 익숙해질 즈음 책을 덮고 암송하는, 제1 사이클의 ❸·❹단계를 진행합니다. 문장 구조와 의미를 이해하며 실제로 말하듯이 암송해야 합니다.

제2 사이클 이후로 이 두 단계를 반복하면 영문이 점차 머릿속 깊이 각인되어 더 쉽게 입에 붙기 시작합니다. 마침내 ❶의 '막힘없이 영작하기'가 매끄럽게 이뤄지게 되면 ❷의 '영문을 입에 착 붙이기' 단계를 밟을 필요가 없어집니다. 그때 '막힘없이 영작하기'를 한 번만 하면 입에 잘 붙지 않으므로 두세 번 반복하는 것이 좋습니다.

단, 나중에 트레이닝이 익숙해져서 영작이 더욱 유창해지더라도 거기서 사이클 회전을 그만두면 장기 기억으로 남지 않습니다. 영작이 유창해진 이후에도 몇 사이클 더 반복해서 문형과 어휘를 장기 기억 창고에 보존시키는 작업, 즉 '숙성 사이클 회전'이 결국 '유창한 영어 회화'가 목표인 당신의 꿈을 이루어줄 것입니다.

지금까지 설명한 '사이클 회전법'에 따라 한 Part를 마치면, 그 다음 Part로 옮겨 갑니다. 이렇게 해서 모든 Part를 끝내면 Part 전체를 한 번에 '사이클 회전법'으로 완성합니다. 제2 사이클 이후부터는 '막힘없이 영작하기' → '영문을 입에 착 붙이기'의 순서로 합니다. 이렇게 해서 Part 전체의 영작문이 우리말 못지않게 입에서 술술 나오게 되면 그 Part는 훌륭하게 끝이 납니다.

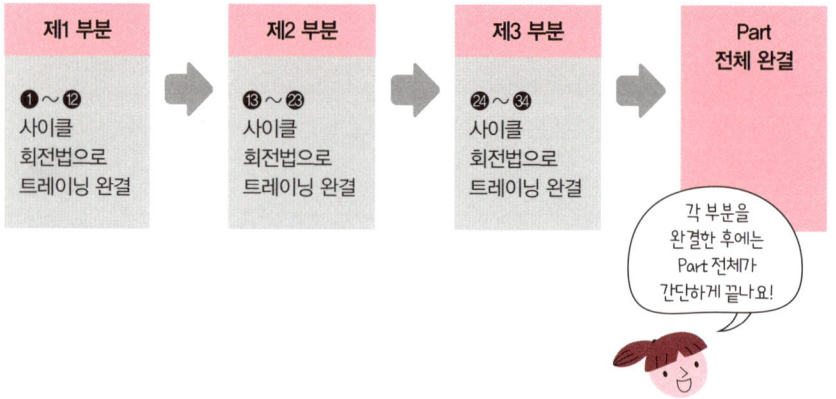

부록 MP3는 이렇게 활용하세요!

　원어민이 직접 녹음한 MP3를 무료로 드립니다. 우리말 문장과 영문 사이에 일시정지가 있으니 그 사이에 영문을 발음해보세요. 음성을 듣고 영작하는 훈련은, 눈으로 보며 영작하는 것보다 긴장감이 있어 흥미로울 뿐 아니라 실력도 더 빨리 늘어납니다.

　다만 트레이닝 초반에는 MP3로 발음과 억양만 확인하세요. 그 다음 책으로 영작하는 연습을 몇 사이클 반복해서 문형 구조가 익혀지면 본격적으로 MP3를 활용하면 됩니다.

　가령 몇 사이클째 반복했을 때 자신의 영작이 맞았는지 확인하는 차원에서 MP3로 '막힘없이 영작하기'를 연습하세요. 처음에는 일시정지 사이에 바로 영작하기가 쉽지 않겠지만, 사이클 회전수가 늘어나면서 점점 영작 속도도 빨라지고 쉬워집니다.

　특히 '숙성 사이클 회전'(p25 참조) 때 MP3를 사용하면 더 효과적입니다. 책을 보면서 하는 시각 학습과 MP3를 이용한 청각 학습으로 순간 영작이 가능해지면 해당 Part가 완벽하게 끝난 것입니다.

＊MP3 무료 듣기
1. 나라원 홈페이지 이용 : www.narawon.co.kr에 접속하면 압축된 MP3 파일을 한 번에 다운받을 수 있습니다.
2. QR코드 이용 : 스마트폰에 QR코드 리더를 설치하여 책 속의 QR코드를 인식하면 바로 MP3를 들을 수 있습니다.

미리보기!

문형별로 영작하기!

this · that

01 this · that

1 이것은 훌륭한 책입니다.
2 이 사전은 좋습니다.
3 저것은 재미있는 책입니까? — 네, 그렇습니다.
4 저 책은 재미있습니까? — 아니오, 그렇지 않습니다.
5 이것은 옳지 않습니다.
6 저것은 영화가 아닙니다.
7 이 스프는 맛이 별로 없습니다.
8 이것은 소금인가요, 아니면 설탕인가요? — 그것은 설탕입니다.
9 저 여자는 프랑스인입니까, 아니면 이태리인입니까?
   — 그녀는 프랑스인입니다.
10 저 남자는 한국인입니까, 아니면 일본인입니까?
   — 그는 한국인입니다.

1~5
1~5번 항목(32p~41p)까지는 be동사 문장을 자유롭게 만드는 연습을 한다.
be동사에는 'am, are, is, was, were'가 있다.

32

영작 연습을 위한 우리말 문장!
(영작하기 쉽게 표현하느라 문장이 다소 어색할 수 있습니다)

책을 보며 시각 훈련,
MP3를 들으며 청각 훈련!
(우리말 문장을 듣고 일시정지 사이에 재빨리 말로 영작하세요)

회화할 때 틀리기 쉬운 실수나 알아두면 좋은 포인트!

MP3
우리말 문장 ······ ▶ 일시정지 ······ → 영어 문장
(문제)　　　　　　　　　　　　　　(정답)

여기에서 순간 영작문!

1 This is a good book.
2 This dictionary is good.
3 Is that an interesting book? — Yes, it is.
4 Is that book interesting? — No, it isn't.
5 This is not right.
6 That is not a real flower.
7 This soup is not very tasty.
8 Is this salt or sugar? — It is sugar.
9 Is that woman French or Italian? — She is French.
10 Is that man Korean or Japanese? — He is Korean.

우리말을 영어로 옮겨놓은 문장
(이해하는 것도 중요하지만 입에
착 붙게 연습하세요)

· 33

*영문 속의 [　]는 괄호 안의 것도 사용할 수 있음을 나타낸 표시이고,
　(　)는 생략 가능한 것을 나타낸 표시입니다.
【예】Everybody[everyone] will be happy.
　　　He drinks five or six cups (of coffee).

PART 1

중학 1학년 수준

She is my teacher. / Is that cat your pet? / These children are her students. / Those girls are his daughters. / This is our car. / Is that your classroom? / Is that their house? / My son is a college student. / These cars are very expensive.

this · that

1 이것은 훌륭한 책입니다.

2 이 사전은 좋습니다.

3 저것은 재미있는 책입니까? — 네, 그렇습니다.

4 저 책은 재미있습니까? — 아니오, 그렇지 않습니다.

5 이것은 옳지 않습니다.

6 저것은 생화가 아닙니다.

7 이 스프는 맛이 별로 없습니다.

8 이것은 소금인가요, 아니면 설탕인가요? — 그것은 설탕입니다.

9 저 여자는 프랑스인입니까, 아니면 이태리인입니까?
— 그녀는 프랑스인입니다.

10 저 남자는 한국인입니까, 아니면 일본인입니까?
— 그는 한국인입니다.

1~5
1~5번 항목(32p~41p)까지는 be동사 문장을 자유롭게 만드는 연습을 한다.
be동사에는 'am, are, is, was, were'가 있다.

1 This is a good book.

2 This dictionary is good.

3 Is that an interesting book? — Yes, it is.

4 Is that book interesting? — No, it isn't.

5 This is not right.

6 That is not a real flower.

7 This soup is not very tasty.

8 Is this salt or sugar? — It is sugar.

9 Is that woman French or Italian?
— She is French.

10 Is that man Korean or Japanese?
— He is Korean.

these · those

1 이것들은 어린이를 위한 책입니다.

2 저것들은 생화입니까? — 아니오, 그렇지 않아요.

3 이 소년들은 중학생입니다.

4 저 소녀들은 고등학생입니까? — 네, 그렇습니다.

5 이 차들은 매우 비쌉니다.

6 저 집들은 작지 않다.

7 이것들은 책입니까, 아니면 잡지입니까?
   — 그것들은 잡지입니다.

8 저 차들은 새 차입니까, 아니면 헌 차입니까?
   — 그것들은 새 차입니다.

9 이 남자들은 미국인입니까, 아니면 독일인입니까?
   — 그들은 독일인입니다.

10 저 여자들은 일본인입니까, 아니면 중국인입니까?
   — 그들은 일본인입니다.

여기서 잠깐

1~2 this, that, these, those
1~2번 항목에서는 주어나 목적어가 되는 대명사로서의 사용법, 명사를 '이(저) ~'와 같이 꾸미는 지시형용사로서의 사용법을 익힌다.

1. These are books for children.

2. Are those real flowers? — No, they aren't.

3. These boys are junior high school students.

4. Are those girls high school students? — Yes, they are.

5. These cars are very expensive.

6. Those houses are not small.

7. Are these books or magazines?
— They are magazines.

8. Are those cars new or old?
— They are new.

9. Are these men American or German?
— They are German.

10. Are those women Japanese or Chinese?
— They are Japanese.

This(이것)의 복수형이 These(이것들)이고, That(그것, 저것)의 복수형은 Those(그것들, 저것들)이다. 하지만 영어가 모두 우리말과 똑같은 방식으로 문장화되는 것은 아니다. 예컨대 '이 소년들', '저 소녀들'은 this boys, that girls가 아니라, **these** boys, **those** girls이다.

What is[are] ~?

1 이것은 무엇입니까? — 그것은 카메라입니다.

2 저것은 무엇입니까? — 그것은 재떨이입니다.

3 이것은 무엇입니까? — 그것은 시계입니다.

4 저것은 무엇입니까? — 그것은 베개입니다.

5 이것들은 무엇입니까? — 그것들은 프랑스 잡지입니다.

6 저 새들은 무엇입니까? — 그것들은 참새입니다.

7 저것들은 무엇입니까? — 그것들은 오래된 우표입니다.

8 저 남자들은 무엇입니까? — 그들은 경찰관입니다.

9 저 여자들은 무엇입니까? — 그들은 비서입니다.

10 저 사람들은 무엇입니까? — 그들은 변호사입니다.

3~4 what / 인칭대명사 I, you, he, she, we, they
3~4번 항목에서는 What is[are] ~?(~은 무엇입니까?)와 사람의 직업을 묻는 패턴 및 인칭

1. What is this? — It is a camera.

2. What is that? — It is an ashtray.

3. What is this? — It's a clock.

4. What is that? — It's a pillow.

5. What are these? — They are French magazines.

6. What are those birds? — They are sparrows.

7. What are those? — They are old stamps.

8. What are those men? — They are policemen.

9. What are those women? — They are secretaries.

10. What are those people? — They are lawyers.

대명사 사용을 연습한다. 이 문형들을 잘 연습하면 주어에 따른 be동사를 정확하게 사용할 수 있게 된다.

인칭대명사의 주격

1 나는 학생입니다.

2 당신은 교사입니까?

3 그는 변호사입니다.

4 그녀는 간호사입니까? — 아니오, 그렇지 않아요.

5 우리는 한국인입니다.

6 당신들은 학생입니까?

7 그들은 경찰관입니다.

8 그들은 고등학생입니까? — 아니오, 그렇지 않아요.

9 당신들은 행복합니까? — 네, 그렇습니다.

10 그는 친절합니다.

인칭대명사의 주격

인칭대명사의 주격은 단수로 'I, you, he, she'가 있고, 복수로 'you, we, they'가 있다. 'you'는 단수로도 쓰이고 복수로도 쓰인다. 즉, '너는' 혹은 '너희는'이라는 뜻으로도 쓰인다.

1 I am a student.

2 Are you a teacher?

3 He is a lawyer.

4 Is she a nurse? — No, she isn't.

5 We are Korean.

6 Are you students?

7 They are policemen.

8 Are they high school students? — No, they aren't.

9 Are you happy? — Yes, we are.

10 He is kind.

인칭대명사의 소유격

1 그녀는 나의 선생님입니다.

2 저 고양이는 당신의 애완동물입니까?

3 이 아이들은 그녀의 학생들입니다.

4 저 소녀들은 그의 딸들입니다.

5 이것은 우리의 자동차입니다.

6 저것은 당신의 교실입니까?

7 저것은 그들의 집입니까?

8 나의 아들은 대학생입니다.

9 당신의 아내는 간호사입니까?

10 그녀의 눈은 푸른색입니까? — 아니오, 그렇지 않아요.

인칭대명사의 소유격

인칭대명사의 소유격은 'my, your, his, her, its, our, their'가 있고 '~의'로 해석한다.
소유격 your(당신의 ~)가 주어를 형용할 때 자칫 오른쪽 예문처럼 실수할 수 있다.

1. She is my teacher.
2. Is that cat your pet?
3. These children are her students.
4. Those girls are his daughters.
5. This is our car.
6. Is that your classroom?
7. Is that their house?
8. My son is a college student.
9. Is your wife a nurse?
10. Are her eyes blue? — No, they aren't.

【예】 당신의 아버지는 의사입니까? → **Are** your father a doctor?
그러나 주어가 father이므로 be동사는 is여야 맞다. 주어에 맞는 동사를 쓸 수 있게 연습하자.

Who is[are] ~?

1 이 소녀는 누구입니까? — 그녀는 나의 여동생입니다.

2 저 소년은 누구입니까? — 그는 로버트입니다.

3 저 남자들은 누구입니까? — 그들은 나의 아버지와 오빠입니다.

4 저 여자들은 누구입니까? — 그들은 나의 어머니와 여동생입니다.

5 저 키 큰 남자는 누구입니까? — 그는 브라운 씨입니다.

6 저 아름다운 여자는 누구입니까? — 그녀는 스미스 씨입니다.

7 당신은 누구입니까? — 나는 존 그린입니다.

8 난 누구예요? — 넌 내 딸이란다.

9 그들은 누구입니까? — 그들은 나의 친구들입니다.

10 그들은 누구입니까? — 그들은 나의 학생들입니다.

who is / who are

who(누구)는 의문대명사로, 주어에 따라 동사가 달라진다. 주어가 1인칭 단수(I)이면 am을,

1. Who is this girl? — She is my sister.
2. Who is that boy? — He is Robert.
3. Who are those men? — They are my father and brother.
4. Who are those women? — They are my mother and sister.
5. Who is that tall man? — He is Mr. Brown.
6. Who is that beautiful woman? — She is Ms. Smith.
7. Who are you? — I am John Green.
8. Who am I? — You are my daughter.
9. Who are they? — They are my friends.
10. Who are they? — They are my students.

주어가 2인칭(you)이거나 인칭과 상관없이 복수(we, they, these, those, 복수명사)이면 are를, 주어가 3인칭 단수(he, she, it, this, that, 단수명사)이면 is를 사용한다.

일반동사

1 나는 두 대의 자동차를 가지고 있습니다.

2 당신은 피아노를 가지고 있습니까? — 아니오, 없습니다.

3 그는 많은 책들을 가지고 있습니다.

4 나는 야구를 좋아합니다.

5 당신은 동물을 좋아합니까? — 네, 그렇습니다.

6 톰은 축구를 좋아합니다. 그의 남동생도 역시 그것을 좋아합니다.

7 당신은 영어를 합니까?

8 그들은 한국어를 잘합니다.

9 당신의 아버지는 학교에서 무엇을 가르칩니까?
 — 그는 수학을 가르칩니다.

10 그는 매일 야구를 합니다.

일반동사

be동사와 일반동사를 잘 구별해야 한다. are는 be동사로써 '~이다'의 뜻이 되고, do는 일반동사(do동사)로 '~하다'의 뜻이 된다. 긍정문은 쉽게 만들지만 의문문은 실수하기 쉽다.

1. I have two cars.

2. Do you have a piano? — No, I don't.

3. He has many books.

4. I like baseball.

5. Do you like animals? — Yes, I do.

6. Tom likes soccer. His brother likes it, too.

7. Do you speak English?

8. They speak Korean well.

9. What does your father teach at school? — He teaches mathematics.

10. He plays baseball every day.

예컨대 '당신은 커피를 좋아하나요?'를 Are you like coffee?라고 영작하는 경우가 있다. 이는 '당신은 커피 같습니까?'(여기서 like는 '~ 같은')라는 뜻이 된다. **Do** you like coffee?가 옳은 표현이다.

how many[much] ~

1. 당신은 가방 안에 몇 권의 책을 가지고 있습니까?

2. 당신의 삼촌은 몇 대의 자동차를 가지고 있습니까?

3. 그에게는 몇 명의 사촌이 있습니까?

4. 당신은 매일 우유를 얼마나 마십니까?

5. 그녀는 돈이 얼마가 필요합니까?

6. 그는 몇 개 국어를 합니까?
— 그는 3개 국어를 합니다.

7. 이 반에는 학생이 몇 명이 있습니까?
— 40명이 있습니다.

8. 에밀리는 몇 명의 형제와 자매가 있습니까?
— 그녀는 한 명의 형제와 두 명의 자매가 있습니다.

9. 그는 매일 커피를 얼마나 마십니까?
— 그는 대여섯 잔 마십니다.

10. 당신의 남동생은 친구가 몇 명이나 됩니까?
— 모르겠어요. 그는 친구가 많아요.

how many / how much
how many와 how much는 각각 수와 양을 물을 때 사용한다. how many는 '셀 수 있는 정

1. How many books do you have in your bag?

2. How many cars does your uncle have?

3. How many cousins does he have?

4. How much milk do you drink every day?

5. How much money does she need?

6. How many languages does he speak?
   — He speaks three languages.

7. How many students does this class have?
   — It has forty students.

8. How many brothers and sisters does Emily have?
   — She has one brother and two sisters.

9. How much coffee does he drink every day?
   — He drinks five or six cups (of coffee).

10. How many friends does your brother have?
    — I don't know. He has many friends.

도의 명사' 앞에 사용하고, how much는 '셀 수 없는 명사' 앞에 사용한다. 따라서 how many 뒤에는 복수형, how much 뒤에는 단수형이 온다.

인칭대명사의 목적격

1 나는 그를 알고 있습니다.

2 당신은 그녀를 좋아합니까?

3 그녀는 매일 그들을 만납니다.

4 그들은 나를 잘 알고 있습니다.

5 나는 그들을 별로 좋아하지 않습니다.

6 그는 우리를 좋아합니까?

7 당신의 아버지는 나를 알고 있습니까?

8 나의 어머니는 당신을 많이 좋아합니다.

9 당신의 아들은 그와 자주 노나요?

10 그녀는 가끔 그들을 위해 피아노를 연주합니다.

인칭대명사의 목적격

인칭대명사의 목적격은 'me, you, him, her, it, us, them'이 있고 '~을(를)', '~에게'로 해석한다.

1 I know him.

2 Do you like her?

3 She sees them every day.

4 They know me well.

5 I don't like them very much.

6 Does he like us?

7 Does your father know me?

8 My mother likes you a lot.

9 Does your son often play with him?

10 She sometimes plays the piano for them.

인칭대명사의 독립소유격

1   이 자전거는 나의 것입니다.

2   저 큰 집은 당신의 것입니까?

3   그녀의 카메라는 새것이다. 그의 것도 역시 새것이다.

4   이 공책은 당신 것입니까, 아니면 그녀의 것입니까?

5   그들의 집은 낡았다. 우리 집은 새것이다.

6   이 교실은 당신들의 것입니까?

7   저 큰 방은 그들의 것입니다.

8   이 작은 고양이는 네 여동생의 애완동물이니?

9   저 책은 그의 것입니까, 아니면 그녀의 것입니까?

10 저 꽃들은 그들의 것입니까?

인칭대명사의 독립소유격
독립소유격(소유대명사=소유격+명사)은 '~의 것'으로 해석된다. 같은 명사가 반복되는 것을 피하기 위해 쓰인다.

1 This bicycle is mine.

2 Is that big house yours?

3 Her camera is new. His is new, too.

4 Is this notebook yours or hers?

5 Their house is old. Ours is new.

6 Is this classroom yours?

7 That big room is theirs.

8 Is this small cat your sister's pet?

9 Is that book his or hers?

10 Are those flowers theirs?

명령문

1 이 책을 읽어라.

2 칠판에 당신의 이름을 써주세요.

3 조용히 해.

4 교과서를 펴지 마라.

5 떠들지 마세요.

6 우리 방과 후에 축구하자.

7 우리 그들과 함께 바다에 가자.

8 우리 그들과 함께 놀자.

9 우리 이 상자를 열어보자.

10 우리 내일 도쿄에 가자.

명령문

직접명령문은 '~해라', '~하지 마라'라고 상대에게 명령하거나 금지할 때 사용한다.
'~해라'라고 할 때는 〈동사의 원형〉으로 시작하고, '~하지 마라'라고 할 때는 〈Don't+동사

1. Read this book.

2. Write your name on the blackboard, please.

3. Be quiet.

4. Don't open your textbook.

5. Please don't be noisy.

6. Let's play soccer after school.

7. Let's go to the sea with them.

8. Let's play with them.

9. Let's open this box.

10. Let's go to Tokyo tomorrow.

의 원형)으로 시작한다.
간접명령문의 Let's는 let us의 단축형으로, '~하자'라고 권유하거나 허락을 구할 때 사용한다. 또 please는 정중한 요구, 간청의 의미로 사용한다.

whose

1 이것은 누구의 가방입니까?

2 저 자전거는 누구의 것입니까?

3 저 소년들은 누구의 학생들입니까?

4 저것은 누구의 자전거입니까?

5 저 우표들은 누구의 것입니까?

6 이것은 누구의 공책입니까? — 그것은 그의 것입니다.

7 이 귀여운 고양이는 누구의 것입니까? — 그것은 우리의 것입니다.

8 저것은 누구의 방입니까? — 그것은 당신의 것입니다.

9 이것들은 누구의 책입니까? — 그것들은 그들의 것입니다.

10 저것은 누구의 컴퓨터입니까? — 그것은 그들의 것입니다.

whose
whose(누구의, 누구의 것)는 who와 which의 소유격.
〈Whose+명사+is[are] ~〉와 〈Whose is[are] ~?〉의 두 패턴을 잘 구분해서 연습하자.

1 Whose bag is this?

2 Whose is that bicycle?

3 Whose students are those boys?

4 Whose bicycle is that?

5 Whose are those stamps?

6 Whose notebook is this? — It's his.

7 Whose is this cute cat? — It's ours.

8 Whose room is that? — It's yours.

9 Whose books are these? — They are theirs.

10 Whose computer is that? — It's theirs.

예컨대 어떤 집의 소유주를 물을 때, 왼쪽의 두 패턴을 사용하면 아래와 같다.
【예】Whose house is this? (이것은 누구의 집입니까?)
　　　Whose is this house? (이 집은 누구의 것입니까?)

13 where

1. 당신의 책은 어디 있습니까?

2. 당신은 어디에서 공부합니까?

3. 그녀의 고양이는 어디에 있습니까?

4. 그녀는 어디에 삽니까?

5. 그들은 어디에 있습니까?

6. 그들은 어디에서 야구를 합니까?
   ― 그들은 공원에서 합니다.

7. 당신의 남동생은 어디에 있습니까?
   ― 그는 그의 방에 있습니다.

8. 너희는 매일 어디에 가니?
   ― 우리는 매일 학교에 가요.

9. 달걀은 어디에 있습니까? ― 그것들은 냉장고에 있습니다.

10. 에밀리는 어디 출신입니까? ― 그녀는 캐나다 출신입니다.

13~14 where / when

where는 '장소'를 when은 '시간'을 묻는 의문부사.
be동사 문장과 일반동사 문장을 함께 연습하도록 구성했다.
be동사 활용법에 주의해 연습하자.

1 Where is your book?

2 Where do you study?

3 Where is her cat?

4 Where does she live?

5 Where are they?

6 Where do they play baseball?
— They play it in the park.

7 Where is your brother?
— He is in his room.

8 Where do you go every day?
— We go to school every day.

9 Where are the eggs? — They are in the refrigerator.

10 Where is Emily from? — She is from Canada.

【예】당신은 어디에서 공부합니까? → 오답 : Where **are** you study?
정답 : Where **do** you study?
그는 언제 여기에 오나요? → 오답 : When **is** he come here?
정답 : When **does** he come here?

when

1 당신의 생일은 언제입니까?

2 그녀는 언제 피아노를 칩니까?

3 당신의 아버지는 언제 낚시하러 갑니까?

4 크리스마스는 언제입니까?

5 당신의 자녀들은 언제 숙제를 합니까?

6 파티는 언제입니까? — 다음 주 일요일입니다.

7 그들은 언제 축구를 합니까?
— 그들은 매주 토요일에 합니다.

8 그와 그의 형은 언제 캐치볼을 합니까?
— 그들은 매일 합니다.

9 당신의 아버지는 언제 저녁 식사를 요리합니까?
— 그는 종종 일요일에 요리합니다.

10 당신은 언제 그를 만납니까?
— 나는 그를 매일 만납니다.

when
여기에서는 when이 '시간'을 묻는 의문부사로만 쓰였지만 접속사와 부사 기능을 함께하는

1. When is your birthday?

2. When does she play the piano?

3. When does your father go fishing?

4. When is Christmas?

5. When do your children do their homework?

6. When is the party? — It is next Sunday.

7. When do they play soccer?
   — They play it every Saturday.

8. When do he and his brother play catch?
   — They play it every day.

9. When does your father cook dinner?
   — He often cooks it on Sundays.

10. When do you see him?
    — I see him every day.

관계부사로도 쓰인다.
【예】Monday is when I am busiest. (월요일은 내가 가장 바쁠 때이다.)

which

1 어느 것이 당신의 자전거입니까?

2 어느 것이 그의 집입니까, 이것입니까 아니면 저것입니까?

3 어느 것이 그녀의 연필입니까?

4 어느 것이 당신 아버지의 차입니까?

5 어느 책이 당신의 것입니까?

6 어느 여자 분이 그녀의 선생님입니까? ― 저 키 큰 분입니다.

7 어느 쪽이 당신의 학생들입니까, 이 아이들입니까 아니면 저 아이들입니까? ― 이 아이들입니다.

8 어느 개가 그녀의 것입니까? ― 저 큰 개입니다.

9 어느 것이 당신의 아버지가 좋아하는 의자입니까, 이것입니까 아니면 저것입니까? ― 저 의자입니다.

10 어느 것이 그가 좋아하는 스포츠입니까, 야구입니까 아니면 축구입니까? ― 축구입니다.

which

which를 단독으로 쓰는 패턴과 〈which+명사〉 패턴의 문장을 연습해보자. 두 패턴은 오른쪽 예문처럼 우리말 의미는 같지만 영작했을 때 미묘한 차이가 있으니 주의하자.

1 Which is your bicycle?

2 Which is his house, this one or that one?

3 Which are her pencils?

4 Which is your father's car?

5 Which book is yours?

6 Which woman is her teacher? — That tall woman is.

7 Which are your students, these children or those children?
— These children are.

8 Which dog is hers? — That big dog is.

9 Which is your father's favorite chair, this one or that one?
— That one is.

10 Which is his favorite sport, baseball or soccer?
— Soccer is.

【예】 어느 것이 당신의 차입니까? → Which is your car?
어느 차가 당신 것입니까? → Which car is yours?

16 it

1 오늘은 날씨가 좋습니다.

2 도쿄는 날씨가 좋습니까?

3 지금 런던은 아침 10시입니다.

4 파리는 오늘, 덥습니까?

5 지금 호주는 여름입니다.

6 그 방은 어둡습니다.

7 들어오세요. 이곳은 따뜻합니다.

8 저녁 식사 시간입니다.

9 그 나라는 항상 따뜻합니다.

10 그의 방은 별로 따뜻하지 않습니다.

it

날씨, 시간, 온도 등 주체가 막연하거나 우리말에서 주어로 세울 수 없는 경우도 영어에서는 it 을 주어로 내세운다. 이 정체불명의 it은 주어 역할뿐만 아니라 목적어나 보어 역할도 한다.

1. It is fine today.

2. Is it fine in Tokyo?

3. It is ten o'clock in the morning in London now.

4. Is it hot in Paris today?

5. It is summer in Australia now.

6. It is dark in the room.

7. Come in. It is warm here.

8. It's dinner time.

9. It's always warm in the country.

10. It isn't very warm in his room.

What time ~ ?

1 지금 몇 시입니까?

2 당신은 몇 시에 주무십니까?

3 지금 도쿄는 몇 시입니까?

4 첫 수업은 몇 시에 시작됩니까?

5 당신의 아버지는 매일 저녁 몇 시에 귀가합니까?

6 당신의 집에서는 몇 시에 저녁 식사를 합니까?
— 우리는 7시에 식사합니다.

7 지금, 당신의 나라는 몇 시입니까?
— 밤 9시입니다.

8 당신의 여동생과 남동생은 몇 시에 학교에 갑니까?
— 그들은 8시에 학교에 갑니다.

9 그의 형은 몇 시에 일어납니까?
— 그는 5시에 일어납니다.

10 이 수업은 몇 시에 끝납니까?
— 8시 45분에 끝납니다.

what time
what time은 when과 같은 의미로 '시간적 의미'를 나타낸다.
be동사 문장과 일반동사 문장을 혼동하지 않도록 주의하면서 연습한다.

1 What time is it now?

2 What time do you go to bed?

3 What time is it in Tokyo now?

4 What time does the first class begin?

5 What time does your father come home every evening?

6 What time do you have dinner at your home?
　— We have it at seven o'clock.

7 What time is it in your country now?
　— It is nine o'clock at night.

8 What time do your sister and brother go to school?
　— They go to school at eight o'clock.

9 What time does his brother get up?
　— He gets up at five o'clock.

10 What time does this class end?
　— It ends at eight forty-five.

【예】당신은 몇 시에 주무십니까?
　→ 오답 : What time **are** you go to bed?
　　정답 : What time **do** you go to bed?

18 how

1 어떻게 지내세요? — 잘 지내요, 감사합니다.

2 당신의 아들은 학교에 어떻게 갑니까?

3 당신의 할머니는 어떻게 지내십니까?

4 브라운 씨는 회사에 어떻게 갑니까?

5 이것은 어떻게 사용합니까?

6 뉴욕 날씨는 어떻습니까? — 아주 좋습니다.

7 그들은 일본에 어떻게 옵니까? — 그들은 비행기로 옵니다.

8 아버지와 어머니는 어떻게 지내십니까?
— 그들은 잘 지내세요, 고맙습니다.

6 톰은 어떻게 걷습니까? — 그는 천천히 걷습니다.

10 로버트는 한국말을 어떻게 합니까?
— 그는 매우 잘합니다.

18~19 how / how old, how tall

how는 46p에서 공부한 'how many[much] ~?' 패턴과 다음에 나오는 'how old[tall] ~?' 처럼 형용사를 동반한다. 그리고 how는 부사를 동반하기도 한다.

1. How are you? — I'm fine, thank you.

2. How does your son go to school?

3. How is your grandmother?

4. How does Mr. Brown go to the office?

5. How do I use this?

6. How is the weather in New York? — It is very fine.

7. How do they come to Japan? — They come by airplane.

8. How are your father and mother?
— They are fine, thank you.

9. How does Tom walk? — He walks slowly.

10. How does Robert speak Korean?
— He speaks it very well.

How old[tall] ~?

1. 너는 몇 살이니? — 저는 열다섯 살입니다.

2. 너의 여동생은 몇 살이니? — 그녀는 열 살입니다.

3. 저 아이들은 몇 살입니까?
   — 그들은 일곱 살입니다.

4. 당신은 키가 얼마나 됩니까? — 나는 160센티[1미터 60센티]입니다.

5. 톰의 키는 얼마나 됩니까? — 그는 6피트 2인치입니다.

6. 그들의 키는 얼마나 됩니까? — 그들은 2미터 이상 됩니다.

7. 이 성은 얼마나 오래됐습니까?
   — 500년 정도 됐습니다.

8. 이 책은 얼마입니까? — 만 원입니다.

9. 이 자전거는 얼마입니까?
   — 10만 원입니다.

10. 저 자동차는 얼마입니까? — 3,000만 원입니다.

how old / how tall
how old는 '나이와 오래됨'을, how tall은 '키'를 물을 때 쓰는 표현이다.

1 How old are you? — I am fifteen years old.

2 How old is your sister? — She is ten years old.

3 How old are those children?
   — They are seven years old.

4 How tall are you? — I am one hundred and sixty centimeters[one meter sixty centimeters].

5 How tall is Tom? — He is six feet two inches.

6 How tall are they? — They are over two meters.

7 How old is this castle?
   — It is about five hundred years old.

8 How much is this book? — It is ten thousand won.

9 How much is this bicycle?
   — It is one hundred thousand won.

10 How much is that car? — It is thirty million won.

의문사 주어의 who

1 누가 이 방을 청소합니까?

2 누가 이 집에 삽니까?

3 누가 영어를 잘합니까?

4 누가 저 피아노를 칩니까?

5 누가 매일 이 공원에서 캐치볼을 합니까?

6 누가 프랑스어를 가르칩니까? — 화이트 씨입니다.

7 당신의 집에서는 보통 누가 저녁 식사를 요리하나요?
— 저의 어머니가 합니다.

8 누가 이 차를 운전합니까? — 저의 부모님입니다.

9 누가 이 사전을 원합니까? — 많은 학생들이 원합니다.

10 누가 이 책상을 사용합니까? — 제 여동생입니다.

의문사 주어
의문사가 주어가 되는 패턴에서는 도치되지 않고 평서문의 어순이 된다.
【예】He uses this room. (그가 이 방을 사용합니다.)
→ Who uses this room? (누가 이 방을 사용합니까?)
The cat is under the table. (고양이는 테이블 밑에 있습니다.)
→ What is under the table? (무엇이 테이블 밑에 있습니까?)

 MP3 1_20

1 Who cleans this room?

2 Who lives in this house?

3 Who speaks English well?

4 Who plays that piano?

5 Who plays catch in this park every day?

6 Who teaches French? — Mr. White does.

7 Who usually cooks dinner in your family?
— My mother does.

8 Who drives this car? — My parents do.

9 Who wants this dictionary? — Many students do.

10 Who uses this desk? — My sister does.

특히 다음과 같이 do, does를 붙이는 실수가 없도록 주의한다.
【예】누가 이 방을 청소합니까? → 오답 : Who **does** clean this room?
　　　　　　　　　　　　　　　정답 : Who **cleans** this room?
또한 do you를 끼워 넣는 실수도 많으니 주의하자.
【예】누가 영어를 가르칩니까? → 오답 : Who **do you** teach English?
　　　　　　　　　　　　　　　정답 : **Who teaches** English?

21 can

1 내 말 들려요?

2 톰은 한국어를 매우 잘할 수 있습니다.

3 나는 피아노와 바이올린을 연주할 수 있습니다.

4 그녀는 자동차 운전을 못합니다.

5 당신은 바다에서 수영할 수 있습니까?

6 저 외국인들은 젓가락을 사용할 수 있습니까?

7 그녀는 몇 개 국어를 할 수 있습니까?

8 당신은 100미터를 11초에 달릴 수 있습니까?

9 당신은 무엇을 할 수 있습니까?

10 우리는 사자를 어디에서 볼 수 있습니까?
— 우리는 아프리카에서 볼 수 있습니다.

can
can은 조동사이므로 동사는 반드시 원형을 사용해야 한다.

1. Can you hear me?

2. Tom can speak Korean very well.

3. I can play the piano and the violin.

4. She can't drive a car.

5. Can you swim in the sea?

6. Can those foreigners use chopsticks?

7. How many languages can she speak?

8. Can you run one hundred meters in eleven seconds?

9. What can you do?

10. Where can we see lions?
    — We can see them in Africa.

【예】그는 영어를 할 수 있습니까? → 오답 : Can he **speaks** English?
정답 : Can he **speak** English?

현재진행형

1 나는 지금 아침 식사를 하는 중입니다.

2 당신은 영어로 말하고 있습니까?

3 내 남동생은 방에서 숙제를 하고 있습니다.

4 당신은 지금 무엇을 하고 있습니까?

5 그 아이들은 공원에서 무엇을 하고 있습니까?

6 에밀리는 어디에서 피아노를 치고 있습니까?
— 그녀는 음악실에서 치고 있습니다.

7 그녀는 어떤 외국어를 하고 있습니까?
— 그녀는 프랑스어를 하고 있습니다.

8 당신은 뭘 먹고 있습니까? — 나는 스파게티를 먹고 있습니다.

9 톰과 존은 무엇을 하고 있습니까?
— 그들은 캐치볼을 하고 있습니다.

10 그는 항상 TV를 보고 있습니다.

현재진행형

현재진행형은 〈be동사(am, are, is)+동사의 원형+~ing〉의 형태로 쓰이고, 현재 진행 중인 행위를 나타낸다.
현재진행형 문장에서 be동사가 없으면 분사수식이 돼버린다.
가령 '그 소년은 방에서 공부하고 있다.'를 The boy studying in the room.으로 영작하면,

1 I am eating breakfast now.

2 Are you speaking English?

3 My brother is doing his homework in his room.

4 What are you doing now?

5 What are the children doing in the park?

6 Where is Emily playing the piano?
— She is playing it in the music room.

7 What language is she speaking?
— She is speaking French.

8 What are you eating? — I am eating spaghetti.

9 What are Tom and John doing?
— They are playing catch.

10 He is always watching TV.

문장이 완성되지 않고 '방에서 공부하고 있는 소년'이라는 어구가 된다.
이때는 The boy is studying in the room.이어야 맞다.
한편 현재진행형을 의문문으로 만들 때는 do, does가 아니라 be동사를 사용해야 한다.
【예】**Is** she sleeping? (그녀는 자고 있습니까?)

There is[are] ~

1 그 방에는 세 개의 창문이 있습니다.

2 정원에는 장미가 있습니까?

3 이 학급에는 몇 명의 학생이 있습니까?

4 그의 방에는 책이 세 권밖에 없습니다.

5 세계에는 몇 개 언어가 있습니까?

6 이 정원에는 꽃이 한 송이도 없습니다.

7 일 년은 몇 개월입니까?

8 이 도시에는 공원이 많습니까? — 네, 그렇습니다.

9 그 언덕 위에는 키 큰 나무가 몇 그루 있습니다.

10 이 학교에는 여자 아이가 한 명도 없습니다.

there is / there are

there is와 there are의 차이점을 잘 기억하자.
there is는 명사가 '하나(단수)'일 때, there are는 명사가 '여럿(복수)'일 때 쓰인다.
다만 명사의 단·복수와 be동사를 일치시켜야 한다.

1 There are three windows in the room.

2 Are there any roses in the garden?

3 How many students are there in this class?

4 There are only three books in his room.

5 How many languages are there in the world?

6 There are not any flowers in this garden.

7 How many months are there in a year?

8 Are there many parks in this town? — Yes, there are.

9 There are some tall trees on the hill.

10 There aren't any girls in this school.

【예】 공원에는 많은 사람이 있다. → 오답 : There **is** many people in the park.
정답 : There **are** many people in the park.
이 방에는 책이 한 권도 없다. → 오답 : There **isn't** any books in this room.
정답 : There **aren't** any books in this room.

PART 2

중학 2학년 수준

He looks very busy. / She looked very beautiful in the dress. / When he heard the news, he got very angry. / When do the leaves turn yellow? / My father's hair is turning gray. / This soup tastes very good. / The puppy became very big.

과거형

1. 나는 어제 피곤했습니다.

2. 그녀는 그때 매우 행복했습니다.

3. 피터가 갑자기 방에 들어왔습니다.

4. 너는 언제 숙제했니?

5. 우리는 작년에 미국을 방문했습니다.

6. 그들은 점심에 무엇을 먹었습니까?

7. 그녀는 어떻게 동물원에 갔습니까?— 그녀는 기차로 갔습니다.

8. 공원에는 많은 아이들이 있었습니다.

9. 1시간 전에 당신은 어디에 있었나요? — 나는 내 방에 있었어요.

10. 그들은 우리에게 매우 친절했습니다.

과거형
Part1은 현재시제뿐이었지만, Part2부터는 여러 가지 시제를 연습한다.

1 I was tired yesterday.

2 She was very happy then.

3 Peter came into[entered] the room suddenly.

4 When did you do your homework?

5 We visited America last year.

6 What did they eat for lunch?

7 How did she go to the zoo? — She went there by train.

8 There were many children in the park.

9 Where were you an hour ago? — I was in my room.

10 They were very kind to us.

'과거형'은 동사가 과거형이 된다. 일반동사는 어미가 'ed'가 되는 규칙동사와 이 규칙에 매이지 않는 불규칙동사로 나뉜다. be동사의 과거형은 'was, were'의 두 가지다.

과거진행형

1. 그녀는 그때 피아노를 연주하고 있었습니다.

2. 당신은 영어를 공부하고 있었습니까?

3. 두 시간 전에 톰은 무엇을 하고 있었습니까?

5. 이 방에서 누가 잠을 자고 있었습니까?

5. 당신은 오늘 아침에 에밀리와 말하고 있었습니까?

6. 그들은 그때 선생님의 말씀을 듣고 있지 않았습니다.

7. 오늘 오후에 당신은 뭘 읽고 있었나요?
   — 나는 잡지를 읽고 있었습니다.

8. 그 외국인은 무슨 언어를 말하고 있었습니까?
   — 그[그녀]는 스페인어를 하고 있었습니다.

9. 당신의 여동생은 왜 울고 있었습니까?

10. 그때 나는 목욕을 하고 있지 않았습니다.

과거진행형
과거진행형은 과거 어떤 시점에서 계속 진행 중인 행위를 나타낸다.
형식은 〈be동사의 과거형(was, were) + ~ing〉이다.

1 She was playing the piano then.

2 Were you studying English?

3 What was Tom doing two hours ago?

4 Who was sleeping in this room?

5 Were you talking with Emily this morning?

6 They were not listening to the teacher then.

7 What were you reading this afternoon?
— I was reading a magazine.

8 What language was the foreigner speaking?
— He[she] was speaking Spanish.

9 Why was your sister crying?

10 I was not taking a bath then.

when절

1 그를 다시 만났을 때 그녀는 매우 행복했다.

2 여름이 오면 많은 사람들이 바다로 간다.

3 아버지는 어젯밤 귀가하셨을 때 몹시 지쳐 있었다.

4 어머니가 방에 들어오셨을 때 나는 숙제를 하고 있었다.

5 그는 공부할 때 항상 이 책상을 사용합니까?

6 당신이 로버트에게 전화했을 때 그는 집에 있었나요?

7 내 남동생은 어렸을 때 몸이 별로 튼튼하지 못했다.

8 나의 삼촌은 젊었을 때 영어와 독일어를 공부했다.

9 선생님이 교실에 있을 때 학생들은 매우 조용하다.

10 당신이 학교에서 집에 왔을 때 당신의 남동생은 무엇을 하고 있었나요?

when절

when절은, 접속사 when이 주절 앞에 위치해서 '~할 때'라는 뜻의 종속절을 만든다.

1 She was very happy when she saw him again.

2 When summer comes, many people go to the sea.

3 My father was very tired when he got (back) home last night.

4 I was doing my homework when my mother came into[entered] the room.

5 Does he always use this desk when he studies?

6 Was Robert at home when you called him?

7 My brother was not very strong when he was a child.

8 My uncle studied English and German when he was young.

9 When the teacher is in the classroom, the students are very quiet.

10 What was your brother doing when you came back home from school?

참고로 주절은 〈주어＋동사〉, 종속절은 〈접속사(when)＋주어＋동사〉로 구성된다. when절이 주절 앞에 올 수도, 뒤에 올 수도 있다.

일반동사의 SVC

1 그는 매우 바빠 보입니다.

2 드레스를 입은 그녀는 매우 아름다워 보였습니다.

3 그는 그 소식을 들었을 때 몹시 화가 났습니다.

4 나뭇잎은 언제 노랗게 변합니까?

5 아버지의 머리칼이 백발이 되어 가고 있다.

6 이 스프는 아주 맛있다.

7 이 비누는 좋은 향기가 난다.

8 그 강아지는 아주 많이 자랐다.

9 그 소녀는 성장해서 무엇이 되었나요?

10 당신의 어머니는 젊어 보이네요.

여기서 잠깐

일반동사의 SVC
영어 문장은 〈S(주어: ~는, ~이)+V(동사: ~하다)+O(목적어: ~을, ~에게)+C(보어: 주어와 목적어 상태를 설명하는 말)〉의 4가지로 구성되고 그 밖의 부분은 수식어다.
제2형식에 해당하는 SVC의 C(보어)는 형용사와 명사가 된다. 이 문형에 쓰이는 동사로는 be

1 He looks very busy.

2 She looked very beautiful in the dress.

3 When he heard the news, he got very angry.

4 When do the leaves turn yellow?

5 My father's hair is turning gray.

6 This soup tastes very good.

7 This soap smells good.

8 The puppy became very big.

9 What did the girl become when she grew up?

10 Your mother looks young.

동사가 대표적이며 일반동사도 쓰인다. 단, be동사가 순수하게 '주어 S=보어 C'의 관계에 있으면서 '~이다'라는 뜻으로 주어를 서술한다면, 위의 예문들처럼 일반동사는 '~이 되다, 보이다, 맛이 난다'처럼 모양이나 변화 따위를 나타낸다.

05 SVO + to[for]

1. 아버지는 나에게 오래된 사전을 주셨다.

2. 그녀는 우리에게 한 장의 사진을 보여주었다.

3. 그것을 개에게 주세요.

4. 에밀리가 당신에게 영어를 가르칩니까?

5. 그는 당신에게 자전거를 빌려주었습니까?

6. 그는 그의 아들에게 컴퓨터를 사주었다.

7. 브라운 씨는 그녀에게 그 이야기를 해주었습니까?

8. 톰은 그들에게 자신의 새 자동차를 보여주었다.

9. 당신은 그에게 돈을 얼마나 주었습니까?

10. 그녀는 여동생을 위해 예쁜 인형을 만들어주었다.

여기서 잠깐

SVO + to[for]

SVO는 이른바 제3형식이다. 주어, 동사, 목적어 다음에 '~에게, ~을 위해'라는 정보를 덧붙이고 싶을 때 전치사를 끼워 넣는다.

【예】I gave a book **to** him. (나는 그에게 책을 주었다.)
　　　She made a cake **for** me. (그녀는 나를 위해 케이크를 만들어주었다.)

1 My father gave an old dictionary to me.

2 She showed a picture to us.

3 Give it to the dog.

4 Does Emily teach English to you?

5 Did he lend a bicycle to you?

6 He bought a computer for his son.

7 Did Mr. Brown tell the story to her?

8 Tom showed his new car to them.

9 How much money did you give to him?

10 She made a pretty doll for her sister.

이때 to와 for 사용이 헷갈리기 쉬우니 주의하자.
일반적으로 '주다, 보이다, 편지를 쓰다' 따위의 받는 사람을 전제로 하는 동사는 to를 사용한다.
그리고 '만들다, 요리하다' 따위의 반드시 받는 사람이 필요하지 않고 '(일부러) ~을 위해'
라는 의미가 될 때는 for를 사용한다.

SVOO

1 내 남동생이 나에게 한 권의 책을 주었다.

2 나는 그들에게 한 장의 사진을 보여주었다.

3 고양이에게 약간의 먹이를 주세요.

4 너의 아버지는 너에게 수학을 가르쳐주시니?

5 그녀는 그에게 사전을 빌려주었습니까?

6 어머니는 나에게 약간의 쿠키를 만들어주셨다.

7 할아버지는 우리에게 재미있는 이야기를 해주셨다.

8 피터는 그녀에게 그의 새 자전거를 보여주었다.

9 그들은 그에게 약간의 돈을 주었다.

10 그녀의 할머니는 그녀에게 좋은 인형을 만들어주셨다.

SVOO

SVOO는 두 개의 목적어(간접목적어·직접목적어)를 가진 제4형식이다. 전치사는 필요 없다. 다만 목적어는 〈간접목적어+직접목적어〉의 순서를 지켜야 한다. 즉 〈주어+동사〉 뒤에 '~에게+~을'의 순서로 목적어가 와야 한다.

1. My brother gave me a book.

2. I showed them a picture.

3. Give the cat some food.

4. Does your father teach you mathematics?

5. Did she lend him a dictionary?

6. My mother made me some cookies.

7. My grandfather told us an interesting story.

8. Peter showed her his new bicycle.

9. They gave him some money.

10. Her grandmother made her a nice doll.

예컨대 '나는 남동생에게 한 권의 책을 주었다'라고 할 때, I gave my brother a book.의 어순이 되어야 한다. 그렇지 않고, I gave a book my brother.라고 하면 '한 권의 책에게 내 남동생을 주었다'라는 뜻이 돼버린다. 또 '~에게'에는 사람을 나타내는 명사나 대명사가, '~을'에는 명사가 오는 경우가 많다.

will (단순미래)

1 나는 10월에 열일곱 살이 됩니다.

2 내일 파티는 아주 즐거울 것입니다.

3 그 시험은 그다지 어렵지 않을 것입니다.

4 점심 식사가 곧 준비될 것입니다.

5 그녀는 좋은 선생님이 될 것입니다.

6 그들은 오늘밤 돌아올까요?

7 모레는 날씨가 맑을까요?

8 그의 편지는 며칠 후에 도착할 것입니다.

9 그들은 일본에 언제 옵니까?
   — 그들은 다음 달에 올 것입니다.

10 모두가 행복할 것입니다.

will (단순미래)
단순미래를 나타내는 will은 '~할(일) 것이다'라는 뜻으로, 미래의 행위나 상태를 나타낸다.
참고로, 오른쪽 예문처럼 will을 사용한 문장에서는 be동사를 빠트리지 않도록 주의한다.

1 I will be seventeen years old in October.

2 Tomorrow's party will be a lot of fun.

3 The examination will not[won't] be so difficult[hard].

4 Lunch will be ready soon.

5 She will be[become] a good teacher.

6 Will they be back tonight?

7 Will it be fine[sunny] the day after tomorrow?

8 His letter will arrive in a few days.

9 When will they come to Japan?
— They will come next month.

10 Everybody[everyone] will be happy.

【예】그는 곧 돌아올 것이다. → 오답 : He will back soon.
정답 : He will **be** back soon.
내일은 날씨가 맑을까요? → 오답 : Will it fine tomorrow?
정답 : Will it **be** fine tomorrow?

will (의지미래)

1. 제가 그것을 하겠습니다.

2. 난 언젠가 미국에 갈 거야.

3. 난 너를 다시는 만나지 않겠어.

4. 내가 너의 숙제를 도와줄게.

5. 난 그런 책은 읽지 않겠어.

6. 나는 영어와 러시아어를 배울 것입니다.

7. 나는 당신을 절대 잊지 않겠습니다.

8. 난 일주일 후에 돌아올 거야.

9. 난 오늘 밤 나가지 않겠어.

10. 난 오늘 숙제를 끝낼 거야.

여기서 잠깐

will (의지미래)
의지미래의 will은 '~할 작정이다, ~하겠다'라는 뜻으로 '화자'가 간절히 원하는 일을 하겠다는 '의지'가 담겨 있다.

1 I will do it.

2 I will go to America some day.

3 I will not[won't] see you again.

4 I will help you with your homework.

5 I will not[won't] read such a book.

6 I will learn English and Russian.

7 I will never forget you.

8 I will be back in a week.

9 I will not[won't] go out tonight.

10 I will finish my homework today.

will(의뢰) · shall(신청 · 권유)

1 저 좀 도와주시겠어요? — 물론입니다.

2 창문 좀 닫아주시겠어요? — 네, 그러죠.

3 자전거 좀 빌려주시겠어요?
 — 미안하지만 안 돼요.

4 모두를 위해 피아노를 연주해주시겠습니까?
 — 좋아요.

5 커피 좀 타주시겠어요? — 물론이죠.

6 차를 좀 더 드릴까요? — 네, 부탁해요.

7 의자를 갖다 드릴까요? — 네, 부탁합니다.

8 당신을 위해 저녁을 요리할까요? — 아니오, 괜찮습니다.

9 우리 그들과 같이 야구할까? — 응, 그러자.

10 우리 공원에서 축구할까? — 아니, 하지 말자.

will(의뢰) / shall(신청 · 권유)
'의뢰의 will'과 '신청, 권유의 shall'을 혼동하지 않도록 신경 써 연습한다.
【예】창문 좀 열어줄래요? → 오답 : Shall you please open the window?
　　　　　　　　　　　　정답 : **Will** you please open the window?

1 Will you please help me? — Sure.

2 Will you please close the window? — All right.

3 Will you please lend me your bicycle?
   — I'm sorry but I can't.

4 Will you please play the piano for everyone?
   — Certainly.

5 Will you please make some coffee? — Sure.

6 Will you have some more tea? — Yes, please.

7 Shall I bring[get] you a chair? — Yes, please.

8 Shall I cook dinner for you? — No, thank you.

9 Shall we play baseball with them? — Yes, let's.

10 Shall we play soccer in the park? — No, let's not.

제가 커피를 타드릴까요? → 오답 : Will I make some coffee for you?
                    정답 : **Shall** I make some coffee for you?
우리 출발할까요? → 오답 : Will we start?
              정답 : **Shall** we start?

be going to

1 난 오늘 오후에 역 앞에서 그를 만날 것입니다.

2 그의 비행기는 파리에 몇 시에 도착합니까?

3 누가 그녀를 역 앞에서 차로 데려올 예정인가요?

4 당신은 대학에서 무엇을 공부할 겁니까?

5 당신은 어디에 머무를 예정인가요?
  ― 나는 해변의 호텔에서 머무를 거예요.

6 당신은 언제 한국을 떠날 예정입니까?
  ― 나는 다음 주에 떠날 예정이에요.

7 그녀는 몇 개국을 방문할 예정입니까?
  ― 그녀는 7개국을 방문할 예정입니다.

8 그는 오전 중에 그 일을 끝낼 예정이었다.

9 그들은 무엇을 먹을 예정이었나요?
  ― 그들은 중화요리를 먹을 예정이었어요.

10 나는 여름휴가 동안 유럽 여행을 할 예정입니다.

여기서 잠깐

be going to

be going to(~할 예정이다)는 will처럼 미래의 일을 나타내지만, 주로 예정돼 있는 일을 말할 때 사용한다. 다만 be동사는 주어의 인칭에 따라 변한다. 즉, I가 주어이면 am을 사용하고,

1. I am going to meet him in front of the station this afternoon.

2. What time is his flight going to arrive in Paris?

3. Who is going to pick her up in front of the station?

4. What are you going to study at college?

5. Where are you going to stay?
   — I'm going to stay at a hotel by the sea.

6. When are you going to leave Korea?
   — I'm going to leave next week.

7. How many countries is she going to visit?
   — She is going to visit seven countries.

8. He was going to finish the work in the morning.

9. What were they going to eat?
   — They were going to eat Chinese food.

10. I'm going to travel around Europe during the summer vacation.

---

you, we, they 또는 복수명사가 주어이면 are를 사용하며, he, she, it 또는 단수명사가 주어이면 is를 사용한다. 그리고 be going to 다음에는 동사원형을 사용한다.

must · may

1 너는 오늘 숙제를 해야 해.

2 나는 오늘 밤 집에 있어야 합니까?

3 아이는 그곳에 혼자 가서는 안 된다.

4 너는 하루 종일 TV를 봐서는 안 돼.

5 당신은 노인들에게 친절해야 해요.

6 이 빵을 먹어도 됩니까? — 네, 그러세요.

7 저 사람과 말해도 됩니까? — 아니오, 안 됩니다.

8 당신은 이 호수에서 수영해도 좋습니다.

9 이 앨범을 봐도 될까요? — 아니오, 안 됩니다.

10 내 남동생이랑 너의 집에 가도 되니?
    — 응, 그래.

must / may

must는 '~해야만 한다'라는 뜻의 의무를 나타내고, may는 '~해도 된다'라는 뜻으로 허락을 나타낸다. 다만 부정문에서는 양쪽 모두 '~해서는 안 된다'라는 뜻의 금지를 나타낸다.

1 You must do your homework today.

2 Must I stay home tonight?

3 A child must not go there alone.

4 You mustn't watch TV all day.

5 You must be kind to old people.

6 May I eat this bread? — Yes, you may.

7 May I talk to that person? — No, you may[must] not.

8 You may swim in this lake.

9 May I look at this album? — No, you may[must] not.

10 May I go to[visit] your house with my brother? — Yes, you may.

have to

1. 이 학교 학생들은 교복을 입어야 한다.

2. 우리는 이 책들을 읽어야 합니까? — 네, 그래요.

3. 나는 영어로 말해야 합니까? — 아니오, 그렇지 않습니다.

4. 그는 세 대의 자동차를 청소해야 합니다.

5. 그녀는 그 방에서 조용히 있어야 합니까?
   — 네, 그렇습니다.

6. 그녀는 설거지를 할 필요가 없었다.

7. 그녀는 그곳에 혼자 가야 했다.

8. 왜 그는 그토록 열심히 공부해야 합니까?

9. 톰과 그의 남동생은 자신들의 방을 청소해야 합니다.

10. 에밀리는 무엇을 해야 했습니까?
    — 그녀는 피아노를 연습해야 했습니다.

have to
have to는 앞서 나온 must와 마찬가지로 '~해야 한다(~할 필요가 있다)'라는 뜻의 의무와 필요를 나타낸다.

1 Students have to wear uniforms in this school.

2 Do we have to read these books? — Yes, you do.

3 Do I have to speak English? — No, you don't.

4 He has to wash three cars.

5 Does she have to stay calm in the room?
   — Yes, she does.

6 She didn't have to wash the dishes.

7 She had to go there alone.

8 Why does he have to study so hard?

9 Tom and his brother have to clean their rooms.

10 What did Emily have to do?
   — She had to practice the piano.

하지만 부정문에서는 금지가 아니라 '~안 해도 된다(~할 필요가 없다)'라는 뜻의 '불필요'를 나타낸다.

be able to

1 당신은 그 나라에서 많은 것을 배울 수 있게 될 것입니다.

2 나는 다음 주에 거기에서 그들을 볼 수 있게 될 것입니다.

3 그녀는 한국어를 잘할 수 있게 될 것입니다.

4 우리는 어제 그 호수에서 하루 종일 헤엄칠 수 있었습니다.

5 지난주에 당신은 몇 권의 책을 읽을 수 있었나요?

6 누가 그 문제를 풀 수 있었습니까?

7 그들은 거기에서 잠자리를 한 마리도 잡을 수 없었다.

8 나는 이제 곧 운전할 수 있게 될 것이다.

9 그 당시에 그녀는 피아노를 아주 잘 칠 수 있었다.

10 그는 화이트 씨와 영어로 말할 수 있었습니까?
 — 네, 그렇습니다.

be able to

be able to는 can과 마찬가지로 '~할 수 있다'라는 뜻이지만, can이 가진 '~일 수 있다'라는 가능성의 뜻은 없다.

1 You will be able to learn many things in the country.

2 I will be able to see them there next week.

3 She will be able to speak Korean well.

4 We were able to swim in the lake all day yesterday.

5 How many books were you able to read last week?

6 Who was able to solve the problem?

7 They weren't able to catch any dragonflies there.

8 I will be able to drive soon.

9 She was able to play the piano very well then (in those days).

10 Was he able to speak with Mr. White in English?
— Yes, he was.

감탄문

1 그는 참 친절하군요!

2 그는 얼마나 위대한 작가인가!

3 타마는 얼마나 귀여운 고양이인가!

4 체스는 얼마나 재미있는지!

5 바다는 참 크군요!

6 그는 참 열심히 공부하는군요!

7 그녀는 차를 얼마나 조심스럽게 운전하는지!

8 어제는 참 더웠어!

9 당신의 아들은 참 많이 컸군요!

10 그것은 참 재미있는 이야기였어!

감탄문

감탄문에서는 what과 how 둘 다 '얼마나, 참으로'라는 뜻으로 쓰인다.
what 문장에서는 '얼마나 귀여운(형용사) 고양이(명사)'처럼, 주어 앞에 〈what+(a)+형용사+명사〉가 온다.

1 How kind he is!

2 What a great writer he is!

3 What a cute cat Tama is!

4 How interesting chess is!

5 How big the sea is!

6 How hard he studies!

7 How carefully she drives!

8 How hot it was yesterday!

9 How big your son became!

10 What an interesting story it was!

how 문장에서는 '얼마나 귀여운(형용사)'처럼, 주어 앞에 〈how+형용사·부사〉가 온다.

【예】타마는 얼마나 귀여운 고양이인가! → **What** a cute cat Tama is!
　　 타마는 얼마나 귀여운가! → **How** cute Tama is!

부정사의 명사적 용법

1 나는 언젠가 미국에 가고 싶다.

2 나의 여동생은 작년에 이탈리아어를 공부하기 시작했다.

3 나는 내년에 인도에 가기로 결정했다.

4 당신은 무엇을 하고 싶습니까?

5 그는 아침 식사를 먹기 시작했다.

6 그녀의 취미는 꽃을 키우는 것이다.

7 그의 꿈은 세계 여행을 하는 것이었다.

8 영어로 말하기는 쉽지 않다.

9 재즈를 듣는 것이 나의 취미입니다.

10 당신과 함께하는 것은 너무 즐겁습니다.

15~18 부정사

부정사(to+동사원형)란 동사의 성질이 남아 있으면서 명사·형용사·부사의 성질을 갖게 된 것을 말한다. 각기 명사적 용법, 부사적 용법, 형용사적 용법이라고 부른다. '~하는 것, ~하기'의 뜻으로 쓰이고, 오른쪽 예문처럼 부정사가 명사처럼 '목적어', '주어', '보어'로 쓰인다.

1. I want to go to America some day.

2. My sister began to study Italian last year.

3. I decided to go to India next year.

4. What do you want to do?

5. He began to eat breakfast.

6. Her hobby is to grow flowers.

7. His dream was to travel around the world.

8. To speak English is not easy.

9. To listen to jazz is my hobby.

10. To be with you is a lot of fun.

【목적어 패턴】 그는 그녀와 결혼할 것을 결정했다. → He decided to marry her.
【주어 패턴】 영어를 배우는 것은 재미있다. → To learn English is fun.
【보어 패턴】
　그의 취미는 클래식 음악을 듣는 것이다. → His hobby is to listen to classical music.

16 부정사의 부사적 용법(목적)

1 나는 몇 권의 책을 빌리러 도서관에 갔다.

2 그는 언젠가 미술을 공부하러 프랑스에 갈 것이다.

3 나의 오빠는 매주 일요일 파도타기를 즐기러 바다에 간다.

4 당신은 톰을 만나러 여기에 왔습니까?

5 로버트와 낸시는 어젯밤에 저녁 식사를 하러 멋진 레스토랑에 갔다.

6 나의 남동생은 새 자전거를 사기 위해 돈을 저축하고 있다.

7 나는 내일 아침 숙제를 하기 위해 일찍 일어날 것이다.

8 나의 사촌은 내년에 영국에 가려고 열심히 영어 공부를 하고 있다.

9 그들은 시험에 통과하기 위해 매일 몇 시간씩 공부해야 한다.

10 그녀는 내일 할머니를 방문하러 혼자 부산에 갈 것이다.

여기서 잠깐

15~18 부정사

부정사의 부사적 용법은 to부정사가 부사적 역할을 하는 경우, 즉 동사와 형용사 등의 용언을 수식하는 것을 말한다.

1. I went to the library to borrow some books.

2. He will go to France to study art some day.

3. My brother goes to the sea to enjoy surfing every Sunday.

4. Did you come here to see Tom?

5. Robert and Nancy went to a nice restaurant to have dinner last night.

6. My brother is saving money to buy a new bicycle.

7. I am going to get up early tomorrow morning to do my homework.

8. My cousin is studying English hard to go to England next year.

9. They have to study for many hours every day to pass the exam.

10. She will go to Busan alone to visit her grandmother tomorrow.

부정사가 목적, 원인, 이유, 조건 등 여러 가지를 표현하지만, 여기서는 '목적' 패턴과 다음 페이지 17번 항의 '감정의 원인'만 연습하기로 한다. '목적' 패턴은 '~하기 위하여', '~하러'의 뜻이 된다.

부정사의 부사적 용법(감정의 원인)

1. 당신을 만나서 반갑습니다.

2. 나는 그를 다시 만나 행복했습니다.

3. 그녀는 당신을 다시 만나 기쁠 것입니다.

4. 늦어서 죄송합니다.

5. 그들은 큰 건물을 보고 매우 놀랐습니다.

6. 우리는 그의 이야기를 듣고 깜짝 놀랐습니다.

7. 그 말을 들으니 참 유감이네요.

8. 당신의 부모는 당신의 편지를 받고 기뻐할 것입니다.

9. 당신은 옛 친구를 만나서 행복했습니까?

10. 그들은 아름다운 호수에서 수영할 수 있어 아주 행복했습니다.

15~18 부정사
부사적 용법의 '감정의 원인'은 '~하니, ~해서'의 뜻으로 쓰인다.

1 I am happy to meet you.

2 I was happy to see him again.

3 She will be glad to see you again.

4 I am sorry to be late.

5 They were surprised to see the big building.

6 We were very surprised to hear his story.

7 I am sorry to hear that.

8 Your parents will be pleased to receive your letter.

9 Were you happy to see your old friend?

10 They were very happy to swim in the beautiful lake.

부정사의 부사적 용법 중에서도 '목적'에 비해 '감정의 원인'을 잘 구사하지 못하는 경우가 많으니 신경 써서 연습하자.

부정사의 형용사적 용법

1 난 오늘 해야 할 숙제가 있다.

2 그녀는 그에게 하고 싶은 말이 있었다.

3 당신은 읽을 책을 가지고 있습니까?

4 그는 내일 당신을 볼 시간이 없을 것입니다.

5 그는 뭘 먹고 싶어 했습니까?

6 나는 오늘 할 일이 아무것도 없다.

7 나는 저 가게에서 내 남동생에게 줄 선물을 살 예정이다.

8 그는 어제 할 일이 많았다.

9 그는 살 집이 없습니다.

10 당신은 필기도구를 가지고 있습니까?

15~18 부정사

부정사의 형용사적 용법에서는 to부정사가 바로 앞에 있는 명사를 수식한다.
'오늘은 할 일이 좀 있어. 편지를 한 통 써야 해.'라고 할 때 학습자들은 대체로
I have to do some work today. I must write a letter.라고 표현한다.

1. I have homework to do today.

2. She had something to say to him.

3. Do you have any books to read?

4. He won't have any time to see you tomorrow.

5. Did he want something to eat?

6. I don't have anything to do today.

7. I am going to buy something to give to my brother at that store.

8. He had a lot of things to do yesterday.

9. He doesn't have a house to live in.

10. Do you have anything to write with?

하지만 영어 원어민은 다음과 같이 부정사의 형용사적 용법을 써서 표현한다.
【예】I have some work to do. I have a letter to write.
이처럼 형용사적 용법을 익히면 영어표현 감각을 기르는 데 도움이 된다.

동명사

1 그녀는 피아노 치는 것을 좋아합니다.

2 당신은 담배를 끊을 겁니까?

3 당신은 언제 우표를 모으기 시작했나요?

4 외국어를 배우는 것이 나에게는 큰 즐거움이다.

5 때로는 자동차 운전이 지루하다.

6 그녀는 영어 회화를 잘합니다.

7 그의 취미는 희귀한 나비를 수집하는 것입니다.

8 그의 직업은 외국인들에게 한국어를 가르치는 일입니까?

9 영어를 배우는 것이 왜 중요합니까?

10 당신은 어떤 악기 연주를 좋아하세요?

동명사

〈동사+명사〉를 동명사라고 하고, 〈동사+ing〉으로 명사 역할을 한다. 부정사의 명사적 용법과 마찬가지로 주어, 목적어, 보어, 어느 패턴이든 다 사용할 수 있게 연습하자.

1 She likes playing the piano.

2 Will you stop[give up] smoking?

3 When did you begin[start] collecting stamps?

4 Learning foreign languages is a lot of fun for me.

5 Driving a car is sometimes boring.

6 She is good at speaking English.

7 His hobby is collecting rare butterflies.

8 Is his job teaching Korean to foreigners?

9 Why is learning English important?

10 What musical instrument do you like playing?

【주어 패턴】해외여행이 그의 취미다. → Traveling abroad is his hobby.
【목적어 패턴】그는 해외여행을 좋아한다. → He likes traveling abroad.
【보어 패턴】그의 취미는 해외여행이다. → His hobby is traveling abroad.

원급비교

1 이 교회는 저 교회만큼 오래됐습니다.

2 저 소년들은 이 소년들과 같은 나이입니까?

3 그 고양이는 개만큼 컸습니다.

4 저 영화는 이 영화만큼 재미있습니다.

5 이 오렌지들은 저 오렌지들만큼 달콤합니까?

6 그녀는 엄마만큼 아름다워졌습니다.

7 이 자동차는 내 차만큼 빨리 달리지 않는다.

8 당신은 그녀만큼 열심히 공부해야 합니다.

9 그는 당신만큼 영어를 잘하지 못합니다.

10 그녀는 오늘 아침 그녀의 어머니만큼 일찍 일어났다.

20~27 비교

'as ~ as(~만큼)'는, as와 as 사이에 형용사 및 부사의 원급이 들어가고 비교급이 들어가지 않는다는 점을 기억하자.

1 This church is as old as that church[one].

2 Are those boys as old as these boys?

3 The cat was as big as a dog.

4 That movie is as interesting as this movie.

5 Are these oranges as sweet as those oranges[ones]?

6 She became as beautiful as her mother.

7 This car doesn't run as fast as my car[mine].

8 You have to[must] study as hard as she does.

9 He can't speak English as well as you do.

10 She got up as early as her mother this morning.

【예】 그는 그의 형만큼 키가 크다.
→ 오답 : He is as **taller** as his brother.
　정답 : He is as **tall** as his brother.

비교급 - er형

1 이 사과는 저 사과보다 큽니다.

2 톰은 나보다 키가 큽니다.

3 당신의 차는 그녀의 것보다 새것입니까?

4 우리는 그들보다 훨씬 행복했습니다.

5 내일은 오늘보다 훨씬 더울 것입니다.

6 나의 엄마는 아빠보다 젊게 보입니다.

7 그의 가방은 내 것보다 무거워 보였습니다.

8 누가 낸시보다 더 예쁩니까? — 에밀리입니다.

9 저 그림은 이 그림보다 더 좋습니다.

10 에베레스트 산은 백두산보다 훨씬 높습니다.

20~27 비교

비교급 다음에는 than을 사용한다. 〈than+주격〉이 원칙이지만 구어체에서는 〈than+목적격〉도 사용한다. 한편 오른쪽 예문과 같이 is를 사용한 문장에서는, is와 as의 발음이 비슷해서 둘 중 하나를 빼기 쉬우니 주의하자.

1 This apple is bigger than that one.

2 Tom is taller than me[I].

3 Is your car newer than hers?

4 We were much happier than they were.

5 It will be much hotter tomorrow than today.

6 My mother looks younger than my father.

7 His bag looked heavier than mine.

8 Who is prettier than Nancy? — Emily is.

9 That picture is better than this one.

10 Mt. Everest is much higher than Mt. Baekdu.

【예】 낸시는 에밀리만큼 예쁘다.
→ 오답 : Nancy **is pretty as** Emily.
　오답 : Nancy **as pretty as** Emily.
　정답 : Nancy **is as pretty as** Emily.

최상급 - est형

1 로버트는 가족 중에서 가장 키가 큽니다.

2 이 고양이가 다섯 마리 중에서 가장 작다.

3 에베레스트 산은 세계에서 가장 높은 산이다.

4 당신의 가족 중에서 누가 제일 어립니까?

5 그는 반에서 가장 머리 좋은 학생입니다.

6 한국에서 가장 긴 강은 무엇입니까?

7 저 소녀는 시내에서 가장 예쁩니다.

8 저 자전거는 세 대 중에서 가장 새것입니다.

9 이것이 무엇보다 가장 좋은 방법입니다.

10 그 모든 것들 중에서 어느 것이 가장 좋은 사전입니까?

여기서 잠깐

20~27 비교

최상급 형용사 앞에는 'the'를 붙인다. '~보다 …이다, 가장 ~이다'라는 표현에서는, 형용사 (부사)의 어미가 er, est가 되는 어형 변화를 하는 경우와, 변화하지 않고 more, the most가 앞에 붙는 경우를 잘 구별해야 한다.

1   Robert is the tallest in his family.

2   This cat is the smallest of the five.

3   Mt. Everest is the highest mountain in the world.

4   Who is the youngest in your family?

5   He is the smartest student in the class.

6   What is the longest river in Korea?

7   That girl is the prettiest in town.

8   That bicycle is the newest of the three.

9   This is the best way of all.

10   Which is the best dictionary of them all?

【예】그녀는 자신의 여동생보다 예쁘다. → She is **prettier** than her sister.
이 책은 저 책보다 어렵다. → This book is **more difficult** than that one.
그는 반에서 가장 머리가 좋다. → He is **the smartest** in the class.
이것이 그 무엇보다 가장 중요하다. → This is **the most important** of all.

비교급 - more

1 영어는 프랑스어보다 유용합니까?

2 이 꽃들은 저 꽃들보다 더 아름답다.

3 톰은 에드보다 훨씬 머리가 좋다.

4 그 책은 이 책보다 훨씬 어려웠다.

5 한국에서는 축구가 야구보다 더 인기 있습니까?

6 그의 아버지는 그보다 더 유명했습니다.

7 건강은 돈보다 중요합니다.

8 저 영화는 이 영화보다 훨씬 재미있습니다.

9 그의 차는 내 차보다 비쌉니다.

10 이 도시는 당신의 도시보다 더 위험합니다.

20~27 비교
참고로 which와 who를 사용한 패턴도 연습하자.
특히 'A와 B 중에서 어느 쪽이[누가] 더 ~입니까?'라고 할 때 다음과 같이 표현한다.
① Which[Who] is 비교급, A or B? (이 책과 저 책 중에서 어느 쪽이 더 재미있나요?)

1. Is English more useful than French?

2. These flowers are more beautiful than those.

3. Tom is much more intelligent than Ed.

4. The book was much more difficult than this one.

5. Is soccer more popular than baseball in Korea?

6. His father was more famous than him[he].

7. Health is more important than money.

8. That movie is much more interesting than this one.

9. His car is more expensive than mine.

10. This town is more dangerous than your town.

→ Which is more interesting, this book or that one?
② Which[Who] 일반동사 부사의 비교급, A or B?
   (켄과 에미 중에서 누가 더 영어를 잘합니까?)
   → Who speaks English better, Ken or Emi?

24 최상급 - most

1 건강이 무엇보다 가장 중요합니다.

2 이 그림들 중에서 이것이 가장 아름답습니다.

3 그는 세계에서 가장 유명한 배우 중 한 명입니다.

4 시내에서 가장 예쁜 소녀는 누구입니까?

5 축구는 한국에서 가장 인기 있는 스포츠 중 하나입니까?

6 당신 반에서는 누가 제일 머리가 좋습니까?

7 이 열 대의 차 중에서 저 빨간 차가 제일 비쌉니다.

8 세계에서 가장 어려운 언어는 무엇입니까?

9 가장 작은 사과가 가장 맛있었습니다.

10 체스는 가장 재미있는 게임들 중 하나입니다.

여기서 잠깐

그밖에 the most 패턴
the most richest 가장 부자인 / the most poorest 가장 가난한 / the most lightest 가장 가벼운
the most earliest 가장 쉬운 / the most laziest 가장 게으른 / the most fastest 가장 빠른

1. Health is the most important of all.

2. This is the most beautiful of these pictures.

3. He is one of the most famous actors in the world.

4. Who is the most beautiful girl in town?

5. Is soccer one of the most popular sports in Korea?

6. Who is the most intelligent in your class?

7. That red car is the most expensive of these ten cars.

8. What is the most difficult language in the world?

9. The smallest apple was the most delicious.

10. Chess is one of the most interesting games.

---

the most fattest 가장 뚱뚱한 / the most cutest 가장 귀여운 / the most newest 가장 새로운
the most sweetest 가장 다정한 / the most precious 가장 소중한 / the most boring 가장 지루한

비교급 - 부사

1 내 남동생은 나보다 더 빨리 헤엄칠 수 있습니다.

2 그녀는 다른 소녀들보다 더 천천히 걷습니다.

3 그는 나보다 더 영어를 잘할 수 있습니다.

4 톰은 친구들보다 더 빨리 역에 도착했습니다.

5 당신은 그보다 더 열심히 공부합니까?

6 내 남동생은 나보다 더 늦게 집에 돌아왔습니다.

7 오늘 아침 나는 엄마보다 일찍 일어났습니다.

8 그는 나보다 더 주의 깊게 그 책을 읽었습니다.

9 그녀는 당신보다 프랑스어를 더 유창하게 말합니까?

10 내 남동생은 나보다 훨씬 오래 공부합니다.

여기서 잠깐

25~26 그밖에 부사의 비교급과 최상급
loud(시끄럽게) – louder(더 시끄럽게) – loudest(가장 시끄럽게)
quick(빨리) – quicker(더 빨리) – quickest(가장 빨리)

1. My brother can swim faster than me[I].

2. She walks more slowly than other girls.

3. He can speak English better than me[I].

4. Tom got to[arrived at] the station earlier than his friends.

5. Do you study harder than he does?

6. My brother came (back) home later than I did.

7. I got up earlier than my mother this morning.

8. He read the book more carefully than I did.

9. Does she speak French more fluently than you do?

10. My brother studies much longer than I do.

---

sweetly(달콤하게) – more sweetly(더 달콤하게) – most sweetly(가장 달콤하게)
brightly(밝게) – more brightly(더욱 밝게) – most brightly(가장 밝게)

최상급 - 부사

1 나의 어머니가 가족 중에서는 가장 일찍 일어납니다.

2 우리 반에서는 그가 가장 영어를 잘할 수 있습니다.

3 에밀리는 세 명 중에서 가장 천천히 걸어갔습니다.

4 그는 그들 모두 중에서 한국어를 제일 유창하게 했습니다.

5 당신의 반에서는 누가 가장 열심히 공부합니까? ― 톰입니다.

6 나의 여동생은 어제 가족 중에서 가장 늦게 귀가했습니다.

7 에드는 그들 중에서 가장 빨리 헤엄칠 수 있게 될 것입니다.

8 당신의 가족 중에서는 누가 가장 오래 잡니까?
― 나의 여동생입니다.

9 그 아이들 중에서 팻이 선생님의 말을 가장 주의 깊게 들었습니다.

10 모든 동물 중에서 치타가 가장 빨리 달립니다.

여기서 잠깐

비교급과 최상급의 형태 변화
다음은 형용사와 부사의 형태가 같은 단어들이다.
fast – faster – fastest, high – higher – highest, late – later – latest, early – earlier – earliest

1 My mother gets up (the) earliest in my family.

2 He can speak English (the) best in my class.

3 Emily walked (the) most slowly of the three.

4 He spoke Korean (the) most fluently of them all.

5 Who studies (the) hardest in your class? — Tom does.

6 My sister got (back) home (the) latest in my family yesterday.

7 Ed will be able to swim (the) fastest of them all.

8 Who sleeps (the) longest in your family?
— My sister does.

9 Pat listened to the teacher (the) most carefully of those children.

10 The cheetah runs (the) fastest of all animals.

반면에 다음과 같이 불규칙하게 변화하는 부사들도 있다.
badly – worse – worst, far – farther – farthest, little – less – least, well – better – best

비교급·최상급을 사용한 의문사 문장

1 당신과 당신의 아버지 중에 누가 더 키가 큽니까?

2 그의 방과 그녀의 방 중에 어느 것이 더 큽니까?

3 톰과 로버트 중에 어젯밤 누가 더 늦게 잤습니까?

4 내일 에밀리와 낸시 중에 누가 더 일찍 학교에 올까요?

5 당신의 학교와 그들의 학교 중에 어느 쪽이 더 오래됐나요?

6 고양이와 개 중에서 당신은 어느 쪽을 더 좋아하세요?

7 수학과 영어 중에서 당신은 어느 쪽을 더 좋아합니까?
— 나는 수학을 더 좋아합니다.

8 당신 반에서는 누가 제일 키가 큽니까? — 톰입니다.

9 당신은 어떤 과목을 가장 좋아하세요?
— 나는 역사를 가장 좋아합니다.

10 당신의 가족 중에서 오늘 아침 누가 가장 일찍 일어났습니까?
— 나의 아버지입니다.

여기서 잠깐

비교급과 최상급 의문문

1~7번 Which / Who ~ + 비교급, A or B ? : A와 B 중 어느 것이 / 누가 더 ~합니까?
8~10번 Which / Who ~ + 최상급 : 어떤 것을 가장 / 누가 가장 ~합니까?

1. Who is taller, you or your father?

2. Which is bigger, his room or hers[her room]?

3. Who went to bed later last night, Tom or Robert?

4. Who will come to school earlier tomorrow, Emily or Nancy?

5. Which is older, your school or theirs?

6. Which do you like better, cats or dogs?

7. Which do you like better, mathematics or English?
— I like mathematics better.

8. Who is the tallest in your class? — Tom is.

9. Which subject do you like (the) best?
— I like history (the) best.

10. Who got up (the) earliest in your family this morning?
— My father did.

현재완료의 계속

1 나는 이 도시에서 10년 동안 살아왔습니다.

2 지난주부터 계속 더웠습니다.

3 당신은 그와 알고 지낸 지 얼마나 오래됐습니까?

4 그는 오랫동안 부모에게 편지를 쓰지 않았습니다.

5 나는 월요일 이후 그를 보지 못했습니다.

6 그녀는 그 가방을 3년간 사용해 왔습니다.

7 아버지는 지난주부터 줄곧 바빴습니다.

8 브라운 부부는 1985년부터 한국에서 살아왔습니다.

9 피터는 2시간 동안 자기 방에 있었습니다.

10 우리는 이 기차에 5시간째 타고 있습니다.

현재완료의 계속
현재완료의 '계속'은 과거의 동작[상태]이 현재까지 이어지는 상황에 쓰이는 시제다.
'계속 ~해왔다'라는 뜻으로, 여기에는 〈for+기간〉, 〈since+시점〉 등과 함께 쓰인다.

1 I have lived in this town for ten years.

2 It has been hot since last week.

3 How long have you known him?

4 He has not written to his parents for a long time.

5 I haven't seen him since Monday.

6 She has used the bag for three years.

7 My father has been busy since last week.

8 Mr. and Mrs. Brown have lived in Korea since 1985.

9 Peter has been in his room for two hours.

10 We have been on this train for five hours.

이 책에서는 먼저 〈have[has]+과거분사〉의 패턴을 긍정, 의문, 부정문에서 막힘없이 쓰는 데 목표를 두고 연습하자.

현재완료의 완료

1 나는 방금 점심을 먹었다.

2 너 벌써 숙제했니?

3 톰이 창문을 깨트렸다.

4 그녀는 지갑을 잃어버렸다.

5 그들은 벌써 그곳에 도착했습니까?

6 우리는 아직 그로부터 편지를 받지 못했다.

7 그 소년은 미국으로 갔습니다.

8 톰과 피터는 벌써 세차를 했습니다.

9 누가 이 상자를 열었습니까? — 제가 열었습니다.

10 그들은 아직 저녁 식사를 하지 않았습니다.

현재완료의 완료
현재완료의 '완료'는 '막 ~하였다'로 행위의 완료를 나타낸다.
'yet, just, already, today' 등과 같은 부사가 함께 쓰인다.

1. I have just had[eaten] lunch.

2. Have you done your homework yet?

3. Tom has broken the window.

4. She has lost her wallet.

5. Have they arrived[got] there yet?

6. We haven't received[got] a letter from him yet.

7. The boy has gone to America.

8. Tom and Peter have already washed the car.

9. Who has opened this box? — I have.

10. They haven't had[eaten] dinner yet.

현재완료의 경험

1   나는 그를 딱 한 번 만난 적 있습니다.

2   나는 전에 이 영화를 본 적이 있습니다.

3   당신은 그 나라에 가본 적 있습니까?

4   그녀는 한 번도 외국에 간 적이 없습니다.

5   우리는 이 책을 몇 번씩 읽은 적 있습니다.

6   당신은 볼링을 해본 적 있습니까? — 아니오, 없어요.

7   그는 외국인과 영어로 말한 적이 한 번도 없습니다.

8   당신은 외제차를 운전해본 적 있습니까?

9   톰은 유럽에 세 번 간 적이 있습니다.

10 헨리는 전에 한국어를 배운 적이 없습니다.

현재완료의 경험
현재완료의 '경험'은 '~한 적이 있다'로 지금까지의 경험을 말한다.
'ever, never, once, many time, before' 등이 함께 쓰인다.

1. I have met him once.

2. I have seen this movie before.

3. Have you ever been to that country?

4. She has never been abroad.

5. We have read this book many times.

6. Have you ever tried bowling? — No, I haven't.

7. He has never talked to a foreigner in English.

8. Have you ever driven a foreign car?

9. Tom has been to Europe three times.

10. Henry has never learned Korean before.

현재완료의 진행형

1 나는 이 책을 두 시간 동안 읽고 있습니다.

2 그녀는 세 시간 이상 피아노를 치고 있습니다.

3 당신은 텔레비전을 얼마나 오래 보고 있습니까?

4 그들은 오랫동안 한국어를 배우고 있습니까?

5 오늘 아침부터 줄곧 비가 오고 있습니다.

6 과학자들은 수 세기 동안 그 어려운 문제를 풀고자 노력해오고 있다.

7 그는 몇 시간 동안 여자 친구를 기다리고 있습니다.

8 그들은 몇 개월 동안 아파트를 찾고 있습니다.

9 낸시는 여기에서 10년간 일하고 있습니다.

10 저 소년은 한 시간 이상 달리고 있습니다.

현재완료의 진행형
현재완료 '진행형'은 〈have[has] been+~ing〉의 형태를 취한다.
현재완료 '계속'이 '어떤 일을 과거에서 시작해서 지금까지 계속 해왔다'라는 것을 의미하고,

1. I have been reading this book for two hours.

2. She has been playing the piano for more than three hours.

3. How long have you been watching TV?

4. Have they been learning Korean for a long time?

5. It has been raining since this morning.

6. Scientists have been trying to solve the difficult problem for centuries.

7. He has been waiting for his girlfriend for hours.

8. They have been looking for an apartment for months.

9. Nancy has been working here for ten years.

10. That boy has been running for over an hour.

현재완료 '진행형'은 '어떤 일을 과거에서 시작해서 지금까지 계속 해왔고, 또 지금도 계속하고 있다'는 뜻으로 현재도 진행되고 있다는 점에 역점을 두고 있다. 즉, 계속의 의미를 더욱 강조하고 싶을 때 현재완료 '진행형'을 사용한다.

that절

1 난 그녀가 미국에 살고 있다고 생각합니다.

2 당신은 그가 어제 여기에 왔던 것을 알고 있나요?

3 그녀는 그가 언젠가 돌아올 것을 믿고 있습니다.

4 나는 당신이 다시 오기를 바랍니다.

5 그녀는 남동생이 텔레비전을 보고 있다고 생각했다.

6 우리는 그 영화가 재미있다고는 생각하지 않았다.

7 나는 내일 날씨가 화창하기를 희망한다.

8 그녀는 그 남자가 그들의 선생님이라고 믿고 있었다.

9 당신은 왜 그가 외국에 가기를 희망합니까?

10 그들은 자신들이 틀렸음을 알지 못했다.

that절
한 문장 다음에 that이 이끄는 또 하나의 문장이 나타나는 것을 'that절'이라고 한다.
【예】 난 그가 좋은 남자라고 생각한다. (나는 생각한다. 그는 좋은 남자라고.)
→ I think (that) he is a nice guy.

1 I think that she lives in America.

2 Do you know that he came here yesterday?

3 She believes that he will come back some day.

4 I hope that you will come again.

5 She thought that her brother was watching TV.

6 We did not think (that) the movie was interesting.

7 I hope (that) it will be fine tomorrow.

8 She believed (that) the man was their teacher.

9 Why do you hope (that) he will go abroad?

10 They did not know (that) they were wrong.

나는 내일 날씨가 화창했으면 좋겠다. (나는 희망한다, 내일 날씨가 화창하기를.)
→ I hope (that) it will be fine tomorrow.

위 예문처럼 that은 종종 생략되기도 한다.

수동 1

1. 에밀리는 모두가 좋아합니다.

2. 이 방은 매일 사용됩니까?

3. 이 책상은 그에 의해서 만들어진 것이 아니다.

4. 영어는 많은 나라에서 쓰인다.

5. 이 책은 많은 사람들에 의해서 읽혀질 것이다.

6. 그 아이는 부모에게 사랑받고 있었다.

7. 이 인형은 나무로 만들어진 것입니까?
— 아니오, 종이로 만들어진 것입니다.

8. 치즈는 우유로 만들어집니다.

9. 한 아름다운 노래가 그 소녀들에 의해 불리워졌습니다.

10. 이 책은 누구에 의해 씌어졌습니까?

여기서 잠깐

33~34 수동(수동태)
능동태는 주어가 '~하다'라는 의미로 행위의 주체가 되고, 수동태는 주어가 행위를 받아서 '~되다, 당하다'란 의미로 주어가 행위의 대상이 된다.

1 Emily is liked by everybody[everyone].

2 Is this room used every day?

3 This desk was not made by him.

4 English is spoken in many countries.

5 This book will be read by many people.

6 The child was loved by his[her] parents.

7 Is this doll made of wood?
— No, it isn't. It is made of paper.

8 Cheese is made from milk.

9 A beautiful song was sung by the girls.

10 Whom[Who] was this book written by?

참고로 수동태 문장을 우리말로 옮기면 아주 어색한 문장들이 있다. 즉 위의 1번의 경우, 원어민 방식으로 표현하면 '에밀리는 모두에 의해 좋아함을 받는다.'가 맞지만, 우리말 어법에 맞게 표현했다는 점을 유의하자.

수동 2

1 그 남자는 아이들이 좋아하지 않는다.

2 그 별은 한국에서 보입니까?

3 이것은 무엇으로 만들어진 것입니까? — 돌로 만들어진 것입니다.

4 너는 저 선생님한테 꾸중 들은 적 있니? (현재완료)

5 이 이야기는 모든 사람에게 알려져 있습니다.

6 그 언어는 어디에서 사용됩니까?

7 그 케이크는 톰이 먹었습니다.

8 저 차들은 매일 사용되지는 않습니다.

9 당신이 태어난 곳은 어디입니까? — 나는 한국에서 태어났습니다.

10 포도주는 포도로 만들어집니다.

여기서 잠깐

33~34 수동(수동태)
수동태의 기본 형식이 〈be동사+과거분사+by+행위의 주체〉이지만 무턱대고 by를 사용해서는 안 된다. by 다음에 오는 것은 행위의 주체다. 다음의 경우는 by를 사용하지 않는다는 점을 기억하자.

1. That man is not liked by children.

2. Is the star seen in Korea?

3. What is this made of? — It is made of stone.

4. Have you ever been scolded by that teacher?

5. This story is known to everyone[everybody].

6. Where is the language spoken?

7. The cake has been eaten by Tom.

8. Those cars are not used every day.

9. Where were you born? — I was born in Korea.

10. Wine is made from grapes.

【예】 영어는 많은 나라에서 쓰인다. → 오답 : English is used **by** many countries.
정답 : English is used **in** many countries.
그녀는 파티에 초대받았다. → 오답 : She was invited **by** the party.
정답 : She was invited **to** the party.

PART 3

중학 3학년 수준

I don't know how old he is. / Do you know who that woman is? / Will you please tell me where she is now? / I wonder what is in the box. / They want to know where the boy was born. / They tried to understand what the word meant.

종속절을 이끄는 접속사 1

1 만약 내일 날씨가 좋으면 우리는 소풍을 갈 것입니다.

2 만약 그가 내일 오지 않으면 내가 그 일을 할 것입니다.

3 영어를 배우고 싶다면 당신은 더 규칙적으로 공부해야 합니다.

4 그녀는 아파서 결근했습니다.

5 그는 비가 내려서 온종일 집에 있었습니다.

6 그녀는 매우 지쳐서 수영을 가지 않기로 했습니다.

7 너는 TV를 보기 전에 숙제를 해야 한다.

8 당신의 남동생은 잠자기 전에 항상 이를 닦습니까?

9 저녁 식사를 먹은 후에는 접시를 씻어주세요.

10 그가 그의 차를 청소한 후 비가 내리기 시작했다.

1~2 접속사
종속절을 이끄는 접속사로 Part2에서는 when이 나왔다. 여기서는 더 많은 접속사 즉, If, as, because, before, after, while, until, although, though를 활용해 연습하자.

1. If it is fine tomorrow, we will go on a picnic.

2. If he doesn't come tomorrow, I will do the work.

3. If you want to learn English, you have to study more regularly.

4. As she was sick, she was absent.

5. He stayed (at) home all day because it was raining[rainy].

6. As she was very tired, she decided not to go swimming.

7. You have to do your homework before you watch television.

8. Does your brother always brush his teeth before he goes to bed?

9. Please wash the dishes after you eat dinner.

10. It began to rain after he washed his car.

조건(만약 ~라면)의 'if'와 때를 나타내는 'after, before, until'이 이끄는 부사절에서는, 미래의 일도 will을 사용하지 않고 현재형을 사용한다.

종속절을 이끄는 접속사 2

1 내가 숙제를 하는 동안 내 남동생은 만화책을 읽고 있었다.

2 그는 길을 걷다가 옛 친구를 만났다.

3 우리가 당신을 찾는 동안 당신은 어디 있었습니까?

4 그는 그 나라에 있는 동안 많은 일을 배웠습니다.

5 그가 돌아올 때까지 여기에서 기다립시다.

6 그들은 그 시험에 통과할 때까지 열심히 공부해야 한다.

7 나는 부모님이 오실 때까지 집에 있어야 한다.

8 비록 그 돌이 매우 무거웠지만 그는 그것을 들려고 애를 썼다.

9 그녀는 비록 몹시 피곤했지만 피아노를 연습했다.

10 그녀는 비록 많이 늦었지만 외출하기로 했다.

여기서 잠깐

1~2 접속사

'if, after, before, until'이 이끄는 부사절은 다음 예문처럼 will을 쓰지 않는다.
【예】내일 날씨가 좋으면 난 낚시하러 갈 것이다.
→ 오답 : If it **will** be fine tomorrow, I will go fishing.
　　정답 : If it **is** fine tomorrow, I will go fishing.

1. While I was doing my homework, my brother was reading a comic book.
2. He met an old friend while he was walking on the street.
3. Where were you while we were looking for you?
4. He learned a lot of things while he was in the country.
5. Let's wait here until he comes back.
6. They have to study hard until they pass the examination.
7. I have to stay at home until my parents come back.
8. Although the stone was very heavy, he tried to lift it.
9. Though she was very tired, she practiced the piano.
10. Although it was very late, she decided to go out.

내일 그와 이야기하고 나서 결정하겠다.
→ 오답 : I will decide after I **will** talk to him tomorrow.
　정답 : I will decide after I **talk** to him tomorrow.

간접의문문

1 나는 그가 몇 살인지 모릅니다.

2 당신은 저 여자가 누군지 압니까?

3 그녀가 지금 어디에 있는지 말해줄래요?

4 나는 저 상자에 무엇이 들어있는지 궁금합니다.

5 그들은 소년이 어디에서 태어났는지 알고 싶어 합니다.

6 당신이 뭘 하고 싶은지 말해주세요.

7 그는 그녀가 왜 울기 시작했는지 알지 못했습니다.

8 나는 그들이 어떤 음식을 좋아할지 궁금합니다.

9 그 외국인이 한국에 얼마나 있었는지 아세요?

10 그들은 그 단어가 무엇을 뜻하는지 이해하려고 애를 썼다.

간접의문문

'간접의문문'이란 (직접)의문문이 문장의 일부가 되는 것을 말한다.
이때 '직접의문문'과 달리 의문문의 도치가 없이 평서문 어순. 즉 〈의문사+주어+동사〉의 순서가 되는 점이 특징이다.

1 I don't know how old he is.

2 Do you know who that woman is?

3 Will you please tell me where she is now?

4 I wonder what is in the box.

5 They want to know where the boy was born.

6 Please tell me what you want to do.

7 He did not know why she began to cry.

8 I wonder what food they like.

9 Do you know how long the foreigner has been in Korea?

10 They tried to understand what the word meant.

【예】 (직접의문문) 그는 어디에서 태어났나요? → Where was he born?
(간접의문문) 그가 어디에서 태어났는지 알아요? → Do you know where **he was born**?
(직접의문문) 그녀는 무엇을 공부하나요? → What does she study?
(간접의문문) 나는 그녀가 무엇을 공부하는지 알아요. → I know what **she studies**.

의문사 + to부정사

1 나는 무슨 말을 해야 할지 알지 못했다.

2 그는 영어를 어떻게 공부해야 하는지 알고 싶어 한다.

3 그들은 어디로 가야 하는지 알고 있습니까?

4 나는 지금 무엇을 해야 할지 모르겠다.

5 언제 출발하면 좋을지 알려주세요.

6 당신은 어떤 책을 살지 결정해야 한다.

7 그는 그 기계를 어떻게 사용하는지 배우고 있다.

8 당신의 어머니는 당신에게 요리법을 가르쳐 줍니까?

9 두 책이 모두 재미있게 보여서 난 어느 것을 사야할지 모르겠다.

10 그 가게에서 뭘 사면 좋을지 말해주겠니?

의문사+to부정사

〈의문사+부정사〉의 형태로 명사 역할을 하는 '명사구'가 된다.
【예】I didn't know her **address**. (나는 그녀의 **주소**를 알지 못했다.)
　　　　　　(명사)

1 I didn't know what to say.

2 He wants to know how to study English.

3 Do they know where to go?

4 I don't know what to do now.

5 Please tell me when to start[leave].

6 You must[have to] decide which book to buy.

7 He is learning how to use the machine.

8 Does your mother teach you how to cook?

9 As both books look interesting, I don't know which to buy.

10 Will you please tell me what to buy at the store?

I didn't know **what to do**. (나는 무엇을 해야 좋을지 알지 못했다.)
　　　　　　　(명사구)
〈의문사+부정사〉에는 what to~, how to~, where to~, when to~, which to~ 등이 있으므로 다양하게 연습하자.

형식주어 it

1 영어를 배우는 것은 중요합니다.

2 차를 운전하는 것은 쉽습니까?

3 1년 안에 외국어를 정복한다는 것은 불가능합니다.

4 새로운 것을 배우는 것은 재미있습니다.

5 왜 많은 과목들을 공부해야 합니까?

6 나는 사람의 이름을 외우는 게 어렵다.

7 그녀에게는 매일 피아노를 연습하는 것이 중요하다.

8 당신은 우표를 모으는 게 재미있군요, 그렇지 않나요?

9 그들에게는 영어로 말하는 것이 매우 쉽습니다.

10 그에게는 아침 일찍 일어나는 것이 어렵습니다.

형식주어 it
문장의 주어부가 긴 to부정사는 대역으로 it(가주어, 형식주어)을 내세운다.
【예】 **To master English in a year** is impossible. (1년 안에 영어를 정복하란 불가능하다.)
→ **It** is impossible **to master English in a year**.
　　↑가주어　　　↑뒤로 옮겨진 진주어

1. It is important to learn English.

2. Is it easy to drive a car?

3. It is impossible to master a foreign language in a year.

4. It is interesting to learn new things.

5. Why is it necessary to study many subjects?

6. It is difficult for me to remember people's names.

7. It is important for her to practice the piano every day.

8. It is interesting for you to collect stamps, isn't it?

9. It is very easy for them to speak English.

10. It is difficult for him to get up early in the morning.

그리고 to부정사의 행위 주체를 말하고 싶을 때는,
다음과 같이 to 앞에 〈for+행위〉의 주체를 놓는다는 점을 기억하자.
【예】 나로서는 그 책을 읽기가 어렵다. → It is difficult **for me** to read the book.

SVO + to부정사

1. 나는 당신이 그곳에 가기를 바랍니다.

2. 아버지는 나에게 매일 공부하라고 말합니다.

3. 그가 당신에게 영어를 가르쳐 달라고 부탁했습니까?

4. 선생님은 학생들에게 숙제를 하라고 말했습니다.

5. 그녀는 왜 그에게 즉시 오라고 요구했나요?

6. 나는 당신이 행복하기를 바랍니다.

7. 그녀는 당신이 자신의 아들에게 수학을 가르치기를 원합니다.

8. 그녀는 그에게 그 상자를 열지 말라고 말했습니다.

9. 나는 그들에게 그 사진을 보지 말라고 부탁했습니다.

10. 난 당신에게 그 방에 들어가지 말라고 했습니다, 그렇지 않습니까?

SVO + to부정사
주어가 아닌 목적어가 to부정사의 행위 주체가 된다. 예컨대
〈SV(주어·동사)+to부정사〉 형태의 문장인 'I want to go there. (나는 그곳에 가고 싶다.)'
에서는, 'to go' 행위의 주체, 즉 '그곳에 가는 사람'이 문장의 주어인 I이지만 〈SVO(주어·동사·목적어)+to부정사〉 형태의 문장, 'I want you to go there. (나는 당신이 그곳에 가기를 바

1 I want you to go there.

2 My father tells me to study every day.

3 Did he ask you to teach him English?

4 The teacher told the students to do their homework.

5 Why did she ask him to come at once?

6 I want you to be happy.

7 She wants you to teach mathematics to her son.

8 She told him not to open the box.

9 I asked them not to look at the picture.

10 I told you not to go into[enter] the room, didn't I?

란다.)에서는, 'to go' 행위의 주체, 즉 '그곳에 가는 사람'이 본 문장의 목적어인 you이다. 요컨대 I는 want의 주어로서 문장의 주어이고, you는 want의 목적어이면서 동시에 to go의 의미상 주어다. 이러한 패턴의 동사가 그밖에도 많지만, 여기서는 'want, tell, ask'의 세 동사만 가지고 연습하자.

SVOC

1 우리는 그 고양이를 마이크라고 부른다.

2 그들은 아들을 제임스라고 이름 지었다.

3 이 음악은 나를 행복하게 만들어줍니다.

4 그녀는 당신을 뭐라고 부릅니까?

5 당신의 선물은 그녀를 행복하게 만들 것입니다.

6 그는 왜 화가 났습니까?

7 그녀는 자신의 방을 깨끗하게 유지합니다.

8 당신은 왜 벽을 노랗게 칠했습니까?

9 당신은 이것을 영어로 뭐라고 합니까?

10 그 소식은 우리를 행복하게 만들었다.

SVOC
목적어 뒤에 목적어(O)와 대등하게 연결되는 보어(C)가 이어진다.
【예】They call the cat Mike. (그들은 그 고양이를 마이크라고 부른다.)
　　 She keeps her room tidy. (그녀는 자기의 방을 깔끔하게 유지한다.)

1 We call the cat Mike.

2 They named their son James.

3 This music makes me happy.

4 What does she call you?

5 Your present will make her happy.

6 What made him angry?

7 She keeps her room clean.

8 Why did you paint the walls yellow?

9 What do you call this in English?

10 The news made us happy.

왼쪽 두 문장에서는 각기, The cat is Mike. 와 Her room is tidy. 라는 문장이 숨어 있다. 이 점 때문에 SVOC 문형을 어렵게 여기는 사람이 많은데 반복해서 학습하면 얼마든지 익힐 수 있다.

현재분사 수식

1. 자고 있는 그 아기는 귀엽습니다.

2. 요람에서 자고 있는 그 아기가 귀여웠습니다.

3. 당신은 달리고 있는 그 소년들이 보입니까?

4. 교정을 달리고 있는 그 소년들은 그의 학생들이었다.

5. 영어로 말하고 있는 그 소녀는 누구입니까?

6. 그에게는 외국에 사는 이모가 있습니까?

7. 당신은 달리는 말을 본 적이 있습니까?

8. 나는 바다를 헤엄치는 펭귄을 한 번도 본 적이 없습니다.

9. 당신은 저 귀퉁이에 서 있는 남자를 아십니까?

10. 피아노를 연주하고 있는 여자는 그의 여동생이었다.

여기서 잠깐

8~9 분사에 의한 명사의 수식

분사란 동사를 형용사화한 것으로 현재분사와 과거분사가 있다. 현재분사는 〈동사원형+ing〉의 형태로 '능동, 진행(~하고 있는), 과거분사는 〈동사원형+ed(en)〉의 형태로 '수동, 완료(~된, ~해진)'의 의미가 된다. 분사는 형용사처럼 명사를 수식하는데, 오른쪽 예문처럼 분사가 단독으로 명사를 수식할 때는 명사 앞에 두고, 다른 어구를 수반할 때는 명사 뒤에 둔다.

1. The sleeping baby is cute.

2. The baby sleeping in the cradle was cute.

3. Can you see the running boys?

4. The boys running in the school playground were his students.

5. Who is the girl speaking English?

6. Does he have an aunt living abroad?

7. Have you ever seen a running horse?

8. I have never seen a penguin swimming in the sea.

9. Do you know the man standing at that corner?

10. The woman playing the piano was his sister.

【예】 a tall boy (키가 큰 소년) / a running boy (달리고 있는 소년) /
a boy running in the park (공원을 달리고 있는 소년)

a big window (커다란 창문) / a broken window (깨진 창문) /
a window broken by Tom (톰에 의해 깨진 창문)

과거분사 수식

1 저 깨진 창문을 보세요.

2 톰에 의해 깨진 창문은 내일 수리될 것입니다.

3 그는 중고차를 살 예정입니다.

4 이것은 유명한 작가에 의해 사용되었던 방입니다.

5 당신은 영어로 쓰인 책을 읽은 적 있습니까?

6 그는 독일제 차를 사고 싶어 합니다.

7 이것은 많은 사람들에게 사랑받는 노래입니까?

8 영어는 많은 사람들에 의해 사용되는 언어입니다.

9 저에게 삶은 달걀을 좀 주세요.

10 그는 어머니가 구운 케이크를 맛있게 먹었다.

여기서 잠깐

8~9 분사에 의한 명사의 수식

위 10번 영문의 baked by his mother는 〈과거분사+by+행위 주체〉의 수동태이므로 원어민 방식으로는 '어머니에 의해 구워진'이라는 표현이 옳지만, 우리말 어법에 맞춰 '어머니가 구운'으로 표현했다. 한편 오른쪽과 같이 진행형과 수동태 문장을 만들 때 명사와 분사 사이에 동사를 넣어서는 안 된다.

1 Look at that broken window.

2 The window broken by Tom will be fixed tomorrow.

3 He is going to buy a used car.

4 This is a room used by a famous writer.

5 Have you ever read a book written in English?

6 He wants to buy a car made in Germany.

7 Is this a song loved by many people?

8 English is a language spoken by many people.

9 Give me some boiled eggs.

10 He enjoyed the cake baked by his mother.

【예】 공원을 달리고 있는 소년은 지미입니다.
→ 오답 : The boy **is** running in the park is Jimmy.
　정답 : The boy running in the park is Jimmy.
톰에 의해 깨진 창문을 보세요.
→ 오답 : Look at the window **was** broken by Tom.
　정답 : Look at the window broken by Tom.

관계대명사의 주격 (사람)

1 그에게는 우표 수집을 좋아하는 친구가 있습니다.

2 당신은 공원에서 달리는 사람들이 보입니까?

3 이 학교에는 외국에서 태어난 학생이 많습니다.

4 동물을 좋아하는 그 소녀는 수의사가 되고 싶어 합니다.

5 당신은 어제 우리에게 말을 건 남자를 기억합니까?

6 매일 밤늦도록 잠을 안 자는 그 소년은 종종 학교에 늦는다.

7 그녀는 역사를 공부하는 대학생입니까?

8 이 책을 쓴 작가는 누구입니까?

9 피아노를 치는 여자는 당신의 이모입니까?

10 열심히 공부하고 있는 그 학생은 곧 영어로 말할 수 있을 것입니다.

10~15 관계대명사

관계대명사가 이끄는 문장이 명사를 수식한다. 이 점을 잘 알고 있어도 정작 회화에서는 잘 쓰지 못하는 예가 많다. 특히 관계대명사절을 문장 끝에 두는 실수를 많이 본다.
예컨대 '영어를 잘하는 그 소년은 미국 태생이다.'라는 문장을, The boy was born in

1. He has a friend who[that] likes collecting stamps.

2. Can you see the people who[that] are running in the park?

3. In this school, there are many students who[that] were born abroad.

4. The girl who[that] likes animals wants to be a veterinarian[vet].

5. Do you remember the man who[that] spoke to us yesterday?

6. The boy who[that] stays up late every night is often late for school.

7. Is she a college student who[that] studies history?

8. Who is the writer that wrote this book?

9. Is the woman who[that] is playing the piano your aunt?

10. The student who[that] is studying hard will soon be able to speak English.

America who speaks English well.로 표현하는 식이다. 그러나 이 문장을 해석하면 '그 소년은 영어를 말하는 미국에서 태어났다.'가 돼버린다. 즉 '미국이 사람처럼 말한다.'라는 뜻이 되는 것이다. 이때는 The boy who speaks English well was born in America.라고 해야 맞다. 참고로 관계대명사 who 대신 that을 쓸 수 있다.

관계대명사의 주격(사람 외)

1 그는 작은 꼬리를 가진 고양이를 가지고 있다.

2 이것은 3시에 출발하는 기차입니까?

3 저것은 나의 아버지에 의해 만들어진 책상입니다.

4 그 목수에 의해 지어진 그 집은 매우 튼튼합니다.

5 우리 정원에 매일 오는 개는 항상 배가 고픕니다.

6 역 가까이에 위치한 건물은 무엇입니까?

7 당신은 배처럼 보이는 구름이 보입니까?

8 그 작가에 의해 씌어진 그 이야기는 많은 사람들에게 읽혀질 것이다.

9 지난주에 문을 연 식당에 가자.

10 아이들은 꽃들로 뒤덮인 언덕에서 놀았다.

10~15 관계대명사

관계대명사절은 수식하는 명사(선행사) 바로 뒤에 오기 때문에,
The boy who speaks English well was born in America.가 된다.
관계대명사절이 문장 머리나 중간에 오는 다양한 패턴의 예문으로 구조를 이해하자.
참고로 오른쪽 예문에서처럼 be동사를 빠트리기 쉬우니 주의하자.

1. He has a cat which[that] has a small tail.

2. Is this a train which[that] leaves at three o'clock?

3. That is a desk which[that] was made by my father.

4. The house which[that] was built by the carpenter is very strong.

5. The dog which[that] comes to our garden every day is always hungry.

6. What is the building that stands near the station?

7. Can you see the cloud which[that] looks like a ship?

8. The story which[that] was written by the writer will be read by many people.

9. Let's go to the restaurant which[that] opened last week.

10. The children played on the hill which[that] was covered with flowers.

【예】 공원에서 놀고 있는 소년들은 나의 학생들이다.
→ 오답 : The boys **who playing** in the park are my students.
  정답 : The boys **who are playing** in the park are my students.
어제 톰에 의해 깨진 창문은 내일 수리될 것이다.
→ 오답 : The window **which broken** by Tom yesterday will be fixed tomorrow.
→ 정답 : The window **which was broken** by Tom yesterday will be fixed tomorrow.

관계대명사의 소유격 whose와 of which

1 그는 아버지가 조종사인 친구가 있습니다.

2 당신은 정상이 눈으로 뒤덮인 산이 보입니까?

3 머리칼이 긴 저 소녀가 낸시입니다.

4 취미가 자동차 운전인 그 여자는 자주 바다로 드라이브하러 갑니다.

5 어머니가 중국인인 그 소년은 중국어로 말할 수 있습니까?

6 차가 고장 났던 그 남자는 기차를 타고 출근했습니다.

7 지붕이 녹색인 저 집을 보세요.

8 나는 창문이 큰 방에서 공부하고 싶습니다.

9 나는 도서관에서 제목이 흥미로운 책을 발견했다.

10 정원이 큰 저 집은 나의 삼촌의 것입니다.

10~15 관계대명사
아래처럼 관계대명사 whose 뒤에 대명사의 소유격을 중복시키지 않도록 주의하자.
【예】 나에게는 어머니가 가수인 친구가 있다.
→ 오답 : I have a friend whose **his** mother is a singer.
  정답 : I have a friend whose mother is a singer.

1. He has a friend whose father is a pilot.
2. Can you see the mountain the top of which is covered with snow?
3. That girl whose hair is long is Nancy.
4. The woman whose hobby is driving (a car) often goes to the sea by car.
5. Can the boy whose mother is Chinese speak Chinese?
6. The man whose car broke down went to work by train.
7. Please look at that house the roof of which is green.
8. I want to study in a room the window of which is big.
9. At the library, I found a book the title of which was interesting.
10. That house the garden of which is big is my uncle's.

또 관계대명사를 써서 소유관계를 나타내고 싶을 때 사람 외에는 of which를 사용한다.
【예】Do you see the house? The roof of the house is green.
→ Do you see the house the roof **of which** is green?

관계대명사의 목적격(사람)

1 저 사람이 그가 존경하는 작가입니다.

2 톰은 에밀리가 가장 좋아하는 소년입니까?

3 그는 낸시가 사랑한 남자가 아니었습니다.

4 우리가 어제 만난 남자는 유명한 피아니스트입니다.

5 당신이 가르치는 학생들은 머리가 좋습니까?

6 내가 도와주었던 그 노인은 그 역에 가고 싶어 했습니다.

7 저 분이 그가 만나고 싶어 하는 여자입니까?

8 당신이 초대한 사람들은 벌써 왔습니까?

9 그녀는 누구나가 다 아는 가수입니다.

10 내가 아는 어떤 미국인은 한국어를 매우 잘합니다.

10~15 관계대명사
목적격관계대명사는 선행사를 앞에 놓고 〈관계대명사+주어+동사〉 순서이고, 주격관계대명

1. That is the writer (whom / that) he respects.

2. Is Tom the boy (whom / that) Emily likes (the) best?

3. He wasn't the man (whom / that) Nancy loved.

4. The man (whom / that) we met yesterday is a famous pianist.

5. Are the students (whom / that) you teach smart[clever]?

6. The old man (whom / that) I helped wanted to go to the station.

7. Is that the woman (whom / that) he wants to meet?

8. Have the people (whom / that) you invited come yet?

9. She is a singer (whom / that) everybody knows.

10. An American (whom / that) I know speaks Korean very well.

사는 〈관계대명사+동사〉의 순서다. 단, 목적격은 생략해도 문장 구조에 영향을 미치지 않아 생략하는 일이 많다. 또 구어에서는 whom 대신 who를 사용할 수 있다.

관계대명사의 목적격(사람 외)

1 저것은 그가 그린 그림입니다.

2 당신은 그녀가 매일 부르는 노래를 아십니까?

3 이것들은 내가 찍은 사진들이 아닙니다.

4 내가 어젯밤 본 영화는 아주 재미있었다.

5 어제 그녀가 구운 쿠키는 맛있었다.

6 저 외국인이 하는 말은 독일어입니까?

7 그가 쓴 그 이야기는 많은 사람들에 의해 읽혀질 것이다.

8 피터가 지난달에 산 중고차는 새것으로 보입니까?

9 그가 읽고 싶어 하는 책은 비쌉니까?

10 그가 5년간 공부하고 있는 언어는 무엇입니까?

10~15 관계대명사
목적격관계대명사는 바로 앞에 있는 명사(선행사)를 받으면서 뒤에 있는 동사의 목적어 역할을 맡는다.

1. That is a picture (which / that) he painted[drew].

2. Do you know the song (which / that) she sings every day?

3. These are not the pictures (which / that) I took.

4. The movie (which / that) I saw last night was very interesting.

5. The cookies (which / that) she baked yesterday were delicious.

6. Is the language (which / that) that foreigner is speaking German?

7. The story (which / that) he wrote will be read by many people.

8. Does the used car (which / that) Peter bought last month look new?

9. Is the book (which / that) he wants to read expensive?

10. What is the language (that) he has been studying for five years?

【예】그는 지난달에 그 차를 샀다. → He bought the car last month.
그가 지난달에 산 차는 매우 빠르다.
→ The car (which / that) he bought last month is very fast.

15 선행사를 포함한 관계대명사 what

1 나는 그가 한 말을 이해할 수 없었다.

2 그것은 당신이 원하는 것입니까?

3 저에게 그에 대해 아는 걸 말해주시겠습니까?

4 그는 이렇게 말했다.

5 그녀가 거기에서 본 것은 놀라운 것이었다.

6 그들이 한 일은 옳았다.

7 우리가 예기치 못한 일이 일어났다.

8 네가 해야 할 일은 매일 공부하는 것이다.

9 당신의 부모가 당신에게 원하는 것은 자주 편지를 쓰는 것이다.

10 저 정치인은 말과 행동이 다르다.

여기서 잠깐

10~15 관계대명사

관계대명사 what은 선행사를 포함하며 '~하는 것'으로 해석한다. 또 what은 소유격이 없으며 원어민다운 표현에 많이 쓰인다. 가령 '나는 이렇게 생각한다.'라는 문장을 우리말처럼 옮기면

1 I could not understand what he said.

2 Is that what you want?

3 Will you please tell me what you know about him?

4 This is what he said.

5 What she saw there was surprising.

6 What they did was right.

7 What we didn't expect happened.

8 What you have to do is (to) study every day.

9 What your parents want you to do is (to) write to them more often.

10 What that politician says is different from what he does.

I believe this.가 된다. 하지만 원어민은 대개 This is what I believe.라고 표현한다. 원어민처럼 표현하기 위해 what은 많은 연습이 필요한 것 중 하나다.

16 too ~ to …

1 그녀는 너무 피곤해서 일어날 수가 없다.

2 나는 너무 바빠서 당신을 도울 수 없다.

3 그들의 아들은 혼자 여행하기에는 너무 어리다.

4 그 학생은 너무 졸려서 공부를 계속할 수 없었다.

5 그는 그 작업을 하기에는 나이가 너무 많다.

6 이 커피는 너무 진해서 나는 마실 수가 없다.

7 선생님의 말이 너무 빨라서 학생들은 이해할 수 없었다.

8 그 책은 너무 어려워서 그들은 읽을 수 없을 것이다.

9 그 문장은 너무 길어서 그녀는 기억할 수 없었다.

10 이 요리는 너무 매워서 나는 먹을 수 없다.

여기서 잠깐

too ~ to …

'too ~ to …'는 〈too+형용사+to+동사원형〉의 형태로 '너무 ~해서 …할 수 없다'라고 해석한다. 단, 해석이 부정적이라고 해서 다음 예문에서처럼 영문에 부정형을 넣어서는 안 된다.

1 She is too tired to stand up.

2 I am too busy to help you.

3 Their son is too young to travel alone.

4 The student was too sleepy to continue his study.

5 He is too old to do the work.

6 This coffee is too strong for me to drink.

7 The teacher spoke too fast for the students to understand.

8 The book will be too difficult for them to read.

9 The sentence was too long for her to remember.

10 This dish is too spicy for me to eat.

【예】그는 너무 피곤해서 깨어있을 수가 없었다.
→ 오답 : He was **too** tired that he **couldn't** keep awake.
　　오답 : He was **too** tired **couldn't** keep awake.
　　정답 : He was **too** tired **to** keep awake.

enough ~ to …

1 당신은 부모로부터 독립해도 될 나이다.

2 그는 친절하게도 내 숙제를 도와주었다.

3 톰과 낸시는 아직 결혼할 수 있는 나이가 아니다.

4 그는 일하지 않고 살 수 있을 만큼 충분히 부유하다.

5 이 방은 책을 읽기에 충분히 밝다.

6 그들이 수영하기에 바닷물은 충분히 따뜻했다.

7 이 집은 10명이 살 수 있을 만큼 크다.

8 그는 농구 선수가 될 만큼 충분히 키가 크다.

9 그 상자는 여자가 나를 수 있을 만큼 가볍다.

10 이 책은 어린이들이 읽을 수 있을 만큼 충분히 쉽다.

enough ~ to …
'too ~ to …'와 반대로 '충분히 ~해서 …할 수 있다'의 뜻일 때는 '~ enough to …'를 쓸 수 있다. enough는 형용사와 부사 뒤에 온다는 점을 유의하자.

1. You are old enough to be independent of your parents.
2. He was kind enough to help me with my homework.
3. Tom and Nancy are not old enough to get married.
4. He is rich enough to live without working.
5. It is light enough in this room to read a book.
6. The water of the sea was warm enough for them to swim there.
7. This house is big enough for ten people to live in.
8. He is tall enough to be a basketball player.
9. The box is light enough for a woman to carry.
10. This book is easy enough for children to read.

【예】그는 일하지 않고 살 수 있을 만큼 충분히 부유하다.
→ 오답 : He is **enough rich** to live without working.
　　정답 : He is **rich enough** to live without working.

so ~ that …

1   그는 매우 친절해서 모두가 그를 좋아한다.

2   그 배우는 아주 잘생겨서 여자들 사이에서 매우 인기 있다.

3   어제는 너무 추워서 우리는 외출하지 않았다.

4   그 영화가 매우 재미있어서 나는 그것을 세 번이나 보았다.

5   이 소설은 너무 길어서 끝까지 읽을 수 있는 사람이 거의 없다.

6   그 언어는 너무 어려워서 나는 배우는 것을 포기했다.

7   그녀는 너무 흥분되어 잠을 잘 수 없었다.

8   그의 이야기가 너무 지루해서 우리는 모두 잠들어버렸다.

9   그녀는 너무 바빠서 남동생의 숙제를 도와주지 못했다.

10 저 차는 너무 비싸서 나는 살 수가 없다.

so ~ that …

'so ~ that …'은 '너무 ~해서 …다'를 뜻한다. that이 이끄는 문장이 긍정일 때 'enough ~ to …', 부정일 때 'too ~ to …'로 바꿔 말할 수 있다.

【예】그는 일하지 않고도 살 수 있을 만큼 부자다.

1. He is so kind that everyone likes him.
2. The actor is so good-looking that he is very popular among women.
3. It was so cold yesterday that we did not go out.
4. The movie was so interesting that I saw it three times.
5. This novel is so long that few people can read it till the end.
6. The language was so difficult that I gave up learning it.
7. She was so excited that she could not sleep.
8. His story was so boring that we all fell asleep.
9. She was so busy that she could not help her brother with his homework.
10. That car is so expensive that I can't buy it.

→ He is **so** rich **that** he can live without working.
→ He is rich **enough to** live without working.
그는 너무 피곤해서 깨어나 있을 수가 없었다.
→ He was **so** tired **that** he couldn't keep awake.
→ He was **too** tired **to** keep awake.

원형부정사의 지각

1 나는 그녀가 뭔가 말하는 것을 들었다.

2 당신은 그가 저 가게로 들어가는 것을 자주 봅니까?

3 나는 그들이 교실을 청소하는 것을 한 번도 본 적이 없다.

4 학생들은 선생님이 설명하는 것을 주의 깊게 들었다.

5 그 할머니는 내가 문 여는 것을 지켜보았다.

6 당신은 집이 흔들리는 것을 느꼈습니까?

7 우리는 그녀가 피아노를 멋지게 연주하는 것을 들었다.

8 나는 비행기가 이륙하는 것을 보고 싶다.

9 그녀는 남동생이 방에서 나가는 것을 눈치 챘다.

10 새들이 노래하는 것을 들어보세요.

원형부정사 지각

지각동사에는 'see, hear, feel, notice'가 있다. 〈지각동사+목적어+동사의 원형〉 패턴을 이용해, '~가 …하는 것을 보다[듣다, 느끼다]'를 표현한다.
목적어 뒤에 to를 넣어서 〈SVO+to부정사〉 패턴으로 만드는 실수가 많으니 유의하자.

1 I heard her say something.

2 Do you often see him go into the store?

3 I have never seen them clean the classroom.

4 The students listened carefully to the teacher explain.

5 The old woman watched me open the door.

6 Did you feel the house shake?

7 We listened to her play the piano beautifully.

8 I want to see the plane take off.

9 She noticed her brother leave the room.

10 Listen to the birds sing.

【예】 나는 그녀가 방에 들어가는 것을 보았다.
→ 오답 : I saw her **to go** into the room.
　정답 : I saw her **go** into the room.

원형부정사의 사역

1. 그의 아버지는 그에게 매일 독일어를 공부하도록 만들었다.

2. 넌 그녀에게 너의 숙제를 하도록 만들었니?

3. 너에게 재미있는 사진을 보여줄게.

4. 그녀는 왜 그들에게 자신의 방을 사용하도록 허락했나요?

5. 그는 비서에게 편지를 타이핑하게 했다.

6. 그녀는 웨이터에게 물을 한 잔 가져오게 했다.

7. 누가 피터에게 그런 일을 하게 만들었나요?

8. 그는 아내에게 커피를 만들게 했다.

9. 당신은 아들을 외국에 혼자 가게 할 겁니까?

10. 그는 그 소년을 그곳에서 기다리게 만들었다.

여기서 잠깐

원형부정사 사역

사역동사에는 'make, have, let'이 있고, 〈사역동사+목적어+동사의 원형〉 패턴을 사용한다. make는 '~시키다[만들다]'로 '강제적인 사역', have는 '~하게 하다'라는 '약한 사역', let은 '~하게 내버려 두다'로 '허가, 허용, 방임'을 뜻한다.

1. His father made him study German every day.

2. Did you make her do your homework?

3. I will let you look at an interesting picture.

4. Why did she let them use her room?

5. He had his secretary type the letter.

6. She had the waiter bring a glass of water.

7. Who made Peter do such a thing?

8. He had his wife make some coffee.

9. Are you going to let your son go abroad alone?

10. He made the boy wait there.

참고로 원형부정사 '사역'도 〈SVO+to부정사〉 형태로 목적어 뒤에 to를 넣어서는 안 된다.
【예】그는 아들에게 차를 청소시켰다.
→ 오답 : He made his son **to wash** the car.
　　정답 : He made his son **wash** the car.

관계부사 - where

1 저것은 그가 태어난 마을이다.

2 우리가 헤엄쳤던 호수는 매우 아름다웠다.

3 그들이 종종 야구를 하는 공원은 이 근처이다.

4 이것이 그들이 공부하는 방입니까?

5 그는 눈이 많이 내리는 나라에서 자랐다.

6 우리가 지난주에 갔던 동물원은 매우 컸다.

7 그녀가 책을 샀던 서점은 어디에 있습니까?

8 저것은 그가 수학을 가르치는 학교입니까?

9 이곳이 내가 그 그림을 그렸던 장소입니다.

10 우리는 뭔가 먹을 걸 살 수 있는 가게에 가고 싶습니다.

여기서 잠깐

21~22 관계부사

관계부사(where, when, how, why)는 두 개의 글을 결합시키는 접속사와 부사의 역할을 한다. 관계부사를 사용해 '그는 그 도시로 돌아갈 것이다.'와 '그는 도시에서 태어났다.'를, '너는 그 날을 기억하니?'와 '우리는 그날 처음 만났다.'를 하나의 문장으로 만들 수 있다.

【예】He will go back to the town. He was born in the town.
→ He will go back to the town **where** he was born.
Do you remember the day? We first met on the day.
→ Do you remember the day **when** we first met?

1. That is the village where he was born.

2. The lake where we swam was very beautiful.

3. The park where they often play baseball is near here.

4. Is this the room where they study?

5. He grew up in a country where it snowed a lot.

6. The zoo where we went last week was very big.

7. Where is the bookstore where she bought the book?

8. Is that the school where he teaches mathematics?

9. This is the place where I painted the picture.

10. We want to go to a store where we can buy something to eat.

다만 '장소'를 나타낼 때 무조건 where를 사용하는 것은 아니다.
예를 들면, 똑같은 식당(restaurant)이라도
Do you remember the restaurant **where** we had dinner the other day?
(당신은 우리가 일전에 저녁을 먹었던 식당을 기억합니까?)는 맞는 문장이지만,
That is the restaurant **where** she likes.
(저곳이 그녀가 좋아하는 식당입니다.)는 틀린 문장이다. 이때는
That is the restaurant (**which** / **that**) she likes.
로서 관계대명사를 사용해야 한다.

관계부사 - when

1　6월은 비가 많이 오는 달입니다.

2　수요일은 그녀가 피아노를 연습하는 날입니다.

3　그가 미국에 갔던 해는 1990년이었습니다.

4　나는 그를 처음 만난 날을 기억합니다.

5　그가 매년 외국에 가는 계절은 무엇입니까?

6　그녀는 처음 차를 운전한 날을 절대 잊지 못할 것입니다.

7　3월은 한국에서 개학하는 달입니다.

8　그가 언제 이곳에 올지 시간을 말해줄래요?

9　그의 아버지가 낚시를 즐기는 날은 일요일입니다.

10　당신은 비행기가 도착하는 시간을 아십니까?

21~22 관계부사
관계부사는 앞에 나오는 명사(선행사)가 장소이면 where, 시간이면 when, 이유이면 why를 사용한다.
또한 관계부사는 오른쪽과 같이 전치사+관계대명사로 바꿔 쓸 수 있다.

1 June is the month when it rains a lot.

2 Wednesday is the day when she practices the piano.

3 The year when he went to America was 1990.

4 I remember the day when I first met him.

5 What is the season when he goes abroad every year?

6 She will never forget the day when she drove a car for the first time.

7 March is the month when schools begin in Korea.

8 Will you please tell me the time when he will come here?

9 The day when his father enjoys fishing is Sunday.

10 Do you know the time when the plane will arrive?

【예】 Do you remember the restaurant **where** we had dinner the other day?
  → Do you remember the restaurant **at which** we had dinner the other day?
이와 같이 관계부사는 〈전치사+관계대명사〉의 구조를 내포하고 있다.

> 작가 후기

내가 경험한 순간 영작문 트레이닝

사실 그전까지 저는 중학생 수준의 영문은 너무 단조로워서 살펴볼 생각조차 하지 않았습니다. 하지만 어느 순간부터 제 영어 실력의 유일한 결점을 중학 영어가 메워줄 것 같았습니다. 저는 당장 책장 한 귀퉁이에 처박혀 있는 책을 꺼내 먼지를 털고, 새로운 마음으로 페이지를 한 장 한 장 넘기며 영작 훈련을 시작했습니다.

'읽기'는 되는데 '말하기'는 왜 안 될까?

저는 영어공부를 스무 살이 넘어 본격적으로 시작했습니다. 영문을 눈으로만 읽기보다 '소리내어 읽기'를 위주로 공부했어요. 그래서인지 쉽게 포기하지 않고 꾸준히 공부할 수 있었습니다. 저는 주로 영어 원서와 영자 신문, 잡지를 다독하며 실력을 차근차근 쌓아 나갔습니다. 그렇게 꾸준히 공부한 덕분에 원서만 150권 넘게 독파했고, 정기 구독한 뉴스위크도 일주일 정도면 다 읽었으며, 영어 뉴스와 인터뷰 등도 거의 다 알아들을 만큼 듣기 실력도 늘었습니다.

그런데 '영어 회화'만큼은 좀처럼 늘지 않았습니다.

당시 저는 학원에서 영어 강사로 일했는데 높은 수준의 수험 대비 영어 구문도 강의할 만큼 이론 면에서는 상당히 높은 실력이라고 자부했습니다. 하지만 회화는 중학 수준의 문형도 제대로 구사하지 못했습니다. 제 생각을 말로 전하고 싶어도 더듬더듬 몇 단계를 거쳐 머릿속으로 영작하지 않으면 도저히 문장을 만들 수 없었으니까요.

어느 날 일본어를 잘하는 미국인과 대화를 하게 되었을 때였습니다. 그의 일본어 실력을 칭찬하고 싶었던 저는 '일본어를 잘하시네요. 얼마나 공부하셨어요?'라고 묻고 싶었습니다. You speak Japanese very well.까지는 쉽게 떠올랐습니다. 하지만 후반부터는 더 이상 영문이 떠오르지 않더군요. '에~ 그러니까, 어느 정도라는 표현은…, 아, 그래, How long이야. 그리고 다음은 you study지. 하지만 의문문이니까 do you study로 고쳐야 해. 그리고 과거형이니까 do가 아니라 did여야 해. 아냐, 현재완료형인가?……'라며 머릿속으로 퍼즐 맞추듯 조각조각 문장을 끼워 만들다가 결국 저는 입을 다물고 말았습니다. 그 순간 얼마나 가슴이 답답하고 당혹스러웠는지 지금 돌이켜 생각해도 식은땀이 날 지경입니다.

당시 저는 하루에도 몇 시간씩 음독 훈련을 하고 있었습니다. 사실 음독 훈련의 효과는 많은 부분에서 나타나고 있었어요. 무엇보다 영어를 쉽게 받아들일 수 있는 체질이 만들어졌다고 할까요. 영문을 우리말로 번역하지 않고 영어 어순으로 이해할 수 있었고, 다독의 효과와 맞물려 읽는 속도도 한층 빨라졌습니다. 게다가 영어 회화를 할 기회가 없고 CD나 MP3를 별로 듣지 않았음에도 리스닝 실력이 향상되었어요.

그런데 유독 회화 실력만큼은 좀처럼 발전할 기미를 보이지 않았고 결국 그 상태로 3년이 흘렀습니다.

복싱 코치의 회화 실력에 깜짝 놀라다

어느새 20대 중반에 들어선 저는, 읽기와 듣기는 되지만 회화는 안 되는 답답한 상황에서도 영어 공부를 계속하고 있었습니다. 당시에 저는 킥복싱 도장에 다녔는데 그 도장에는 두 명의 코치가 있었습니다. 한 코치는 탄탄한 체격에 거친 말투를 썼고, 또 다른 코치는 7대3 기르미에 반듯하게 넥타이를 맨 양복 차림의 회사원 타입이었습니다. 저는 그 7대3 가르마의 코치를 볼 때마다 왠지 웃음이 나곤 했습니다. 그러던 어느 날 그가 유명한 국제 통역 회사의 직원인데 퇴근 후 이 도장에서 코치 겸 통역사로 일하고 있음을 알게 되었습니다.

어느 날 연습을 끝내고 로커로 간 저는 외국인 연습생과 가볍게 인사를 나눴는데, 스페인 사람인 그는 일주일 전부터 이 도장에 다니고 있다고 하더군요. 때마침 건장한 체격의 코치가 연습 도구를 정리하러 오더니 스페인 연습생을 향해 알아듣기 힘든 영어 발음과 일본어를 섞어 그에게 말을 걸었습니다. 과연 서로 대화가 되긴 하는 건지 도통 알 수 없는 말들이 잠시 오고가던 그때 마침 국제 통역 회사에 근무한다는 코치가 로커에 들어왔습니다. 건장한 코치가 그에게 통역을 부탁했습니다.

"이봐, 이 사람에게 스페인 여자 좀 소개해 달라고 말해줘."

통역 회사에 다니는 코치는 이 말을 듣고 빙그레 웃으며 스페인 연습생에게 말했습니다.

"He says he wants you to introduce a Spanish girl to him."

그는 그렇게 얼마 동안 건장한 코치와 스페인 연습생 사이에서 통역을 맡아 그들의 대화를 도와주었습니다. 저는 지금도 다른 연습생들이 통역하는 그를 신기한 듯 바라보던 것을 선명히 기억합니다.

'듣기'가 가능했던 저는 통역사 코치와 스페인 연습생 사이에서 오고가는 대화를 완벽하게 알아들을 수 있었습니다. 하지만 저는 코치처럼 자유자재로 영어 문장을 만들거나 순발력 있게 회화를 주고받을 수는 없었습니다. 그가 처음에 말한 문장은 중학 3학년 수준의 SVO+to부정사였지만 이 수준도 제게는 버거웠던 것입니다.

며칠 후 저는 그 코치에게 영어를 어떻게 잘하게 됐느냐고 물었습니다. 저는 그가 분명히 유학이나 해외 생활 경험이 있을 거라고 예상했습니다. 그런데 그는 의외로 해외 유학이나 해외생활 경험이 전혀 없고, 직장인이 된 후 '영어 전문학교'(통역 코스로 전 수업을 영어로 진행하는, 일본에서는 유명한 학교이다)를 다닌 게 전부라고 대답

하는 것이었습니다. 그는 거기서 가장 하위 클래스에서 시작해 2년 만에 최상급 클래스를 마쳤다고 했습니다.

그러자 이번엔 그가 저한테 영어를 잘하느냐고 물었습니다. 그래서 읽기와 듣기는 가능한데 영어로 말하는 것은 전혀 불가능하다고 말했습니다. 그러자 저에게 어떤 걸 읽고 있느냐고 묻더군요. 제가 영어 원서와 뉴스위크, 타임지 등을 읽고 있다고 답하자, 그는 못 믿겠다는 표정을 지었습니다. 그리고 자신은 영자 신문을 읽고 있다면서 자신은 타임지, 뉴스위크지가 다소 어렵다고 말했습니다. 코치의 시각으로는 짧은 문장도 구사하지 못하는 내가 타임지, 뉴스위크지 등을 읽는다는 게 납득이 안 됐던 모양입니다.

코치와 영어에 관한 대화를 나눈 후 저는 제 영어 공부법을 분석해 보았습니다. 용기가 생기는 부분도 없지 않았어요. 회화를 제하고는 제 실력이 그다지 나쁘지 않다는 것을 알았으니까요. 코치는 비록 잘 납득을 못하는 것 같았지만 제가 타임지와 뉴스위크지를 읽을 수 있다는 사실은, 그와 제가 '읽기' 면에서는 별다른 실력 차이가 없다는 뜻이었습니다. '듣기'도 스페인 연습생과 통역사 코치가 나누는 영어 대화를 우리말처럼 편하게 들을 수 있었습니다.

단 하나 큰 차이는, 그는 영어를 자유롭게 구사할 수 있고, 나는 그것이 불가능하다는 사실이었습니다. 제가 할 일은 그 차이를 메우는 방법을 찾는 것이었습니다.

저는 그가 다닌 영어 학교를 다닐까도 생각했습니다. 하지만 학

비가 너무 비싸서 당시의 내 경제적 능력으로는 감당할 수 없었습니다. 그렇다면 영어 회화 모임에 참여하는 것은 어떨까 생각했지만 그것도 좋은 선택이 될 수 없었습니다. 원래 저는 낯선 사람과의 교류나 대화에 별로 익숙지 않은 데다 나름의 욕심도 있었습니다. 미국에서 살지 않아도 영어 학원에 다니지 않아도 독학으로 영어를 자유롭게 구사해보고 싶었습니다.

이윽고 저는 나름의 고심과 연구 끝에 현재 자신이 영어로 말하는 환경에 속해 있지 않아도, 혼자서 얼마든지 영작 실력을 향상시킬 수 있는 방법을 찾게 되었습니다. 그 방법이란, 간단한 영문을 빠르게 많이 만들어 보는 것, 그것이 바로 이 책『순간 영작문』트레이닝이 탄생한 배경입니다.

사실 그전까지 저는 중학생 수준의 영문은 너무 단조로워서 살펴볼 생각조차 하지 않았습니다. 하지만 어느 순간부터 제 영어 실력의 유일한 결점을 중학 영어가 메워줄 거란 기대감이 생기더군요. 저는 당장 책장 한 귀퉁이에 처박혀 있는 책을 꺼내 먼지를 털고, 새로운 마음으로 페이지를 한 장 한 장 넘기며 영작 훈련을 시작했습니다.

순간 영작문 트레이닝의 놀라운 효과

순간 영작문 트레이닝은 문장을 무작정 달달 외우는 방법이 아니다. 예를 들어 '이것은 물이다.'라는 우리말 문장을 보고, 바로 This is a water.로 바꿔 말할 수 있어야 합니다. 이 훈련은 우리말을 영어로 바꿔 말하기 위해 특별히 어떤 기억력을 사용할 필요가 없습니다. 그 이유는 우리말을 할 때 머릿속으로 일일이 문장 구조를 따지지 않고 순식간에 말할 수 있는 것처럼, 영어 문장도 순식간에 튀어 나오게 되는 것이죠. 이 훈련을 시작한 지 얼마 안 되서 저는 몇 가지 사실을 알게 되었습니다. 영작 훈련을 하면서 지루하다기보다 오히려 게임하는 듯한 재미를 느꼈을 뿐만 아니라, 회화에 대한 막연한 불안감도 떨칠 수 있었습니다.

그러나 훈련을 막상 시작하고 보니 제 실력이 얼마나 부족한지 뼈저리게 느껴지더군요. '이것은 책이다.'라는 문장을 의문문으로 만들면서 Is this is a book?으로 is를 두 번씩 사용한다거나, '그는 일찍 일어납니까?'를 주어에 따른 동사 변화의 규칙을 잊고서, Do he get up early?라고 말하는 식으로 문법을 머리로 알고 있는 것과 입으로 구사하는 것은 전혀 다른 차원임을 다시금 깨달은 것입니다.

하지만 저는 포기하지 않고 꾸준히 연습했고 실수 횟수가 급속도로 줄기 시작했습니다. 또 처음에는 영문이 얼른 입 밖으로 나오지 않고 머릿속으로 문법을 계산한다거나 문장을 조립하는 과정을 거쳤지만 어느 순간부터 영문이 입에서 순간적으로 튀어나오게 되었습니다. 즉 문법을 잘 안다고 해서 꼭 회화를 잘하는 것은 아니지만, 지식이 어느 정도 갖춰져 있어야 회화하는 데 걸리는 시간도 노력도 덜 든다는 사실을 알게 된 것입니다.

중학 1학년 레벨의 문형이 숙달되자 저는 순조롭게 중학 2학년, 3학년으로 단계를 높여 나갔습니다. 이렇게 해서 문형별로 중학교 수준 전체를 끝내자, 다음에는 영문이 문형별로 나열되어 있지 않고 뒤섞인 교재를 사용했습니다. 이 트레이닝이 제가 2단계라고 부르는 단계에서 진행되는 '셔플 트레이닝'입니다.

이 '셔플 트레이닝'을 하기 위해 처음 사용한 교재는, 몇 년 전에 음독 트레이닝을 마스터했을 때 사용했던 중학 과정의 영어 자습서였습니다. 이번에는 그냥 영문을 읽는 것이 아니라 우리말을 영문으로 바로바로 바꾸어 나가는 방식을 썼습니다. 교과서는 대화와 이야기 체재로 여러 문형이 뒤섞여 있기 때문에 중학교 전 학년의 교과서에 실린 영문을 자유롭게 구사하는 데는 그다지 오랜 시간이 걸리지 않았습니다. 이 과정에서 문형을 응용해서 사용하는 실력도 늘었음을 실감하게 됐습니다.

사이클 회전법으로 영어 말문 트기

사실 저에게 우리말을 가지고 영작하는 일은 상당히 부담스럽고 어려운 훈련이었습니다. 그러나 제가 1단계~3단계 트레이닝을 포기하지 않고 꾸준히 공부할 수 있었던 비결 중 하나는, '사이클 회전법'을 이용했기 때문입니다.

'사이클 회전법'은 각 Part별로 다뤄진 문형을 다시 몇 부분으로 나누어 반복한 후, 해당 Part가 완성되면 다음 Part로 넘어가는 훈련입니다. 여기서 중요한 것은 영작문을 한 번에 암기하려고 하는 것이 아니라 읽고 말하는 것을 가볍게 반복해 저절로 기억되게 해야 한다는 점입니다.

'사이클 회전법'은 차츰 중학 영어 교과서보다 훨씬 복잡한 문장을 말하는데도 아무런 부담감이 느껴지지 않도록 도와주었습니다. '사이클 회전법' 훈련을 계속 이어가면서 영작 속도와 문형 응용력이 눈에 띄게 발전한 것을 느꼈습니다. 저는 이렇게 해서 2단계 트레이닝을 마쳤습니다.

코치의 영어 실력에 자극을 받아 『순간 영작문』 트레이닝을 시작한 지 반 년도 채 되지 않은 시간이었습니다. 이처럼 효과적인 방법이 우리 가까이에 있다는 것은 놀라운 발견이었습니다. 그런데도 널리 알려지지 않은 것은 많은 사람들이 그 방법의 평범함 때문에 무시하거나 효과가 있음에도 충분히 지속하지 못하기 때문입니다.

저는 중학 영어 문형을 익힌 후 2단계 트레이닝을 완결했고 곧 3단계 트레이닝으로 단계를 높였습니다. 구체적으로는 중학 영어의 틀을 벗어나 고교 (대학입시) 영어 구문과 갖가지 표현이 실린 책을 가지고 영작했습니다.

먼저 고교 영어 구문은 정말 쉽게 마스터할 수 있었습니다. 힘들게 외우거나 하는 일 없이도 자연스럽게 입에 붙이게 된 것입니다. 시간이 날 때마다 구문집을 한 장씩 넘기며 연습하다 보니 이윽고 모든 문장을 자유롭게 구사할 수 있게 되었습니다. 실은 대학 수험 기간에도 구문집 암기에 도전했지만 의지력 부족으로 포기하고 말았던 적이 있었습니다. 그런데 이번에는 별다른 노력 없이 습득할 수 있었습니다. 왜냐하면 제가 중학 수준의 문형을 자유자재로 구사할 수 있게 되었으니까요. 기본 문형을 익히고 나니 어떤 구문을 봐도 그 구조가 정말 쉽게 눈에 들어왔어요. 중학 문형을 감각적으로 익힌 후에는 복잡한 구문도 사실 기본 구문의 조합이거나 거기다 약간을 더 추가한 것에 지나지 않음을 깨달았던 것입니다.

나아가 새로운 표현도 영작을 통해 편하게 흡수해 나갈 수 있었습니다. 머릿속에 '영작문 회로'가 심어지고 영어 반사신경이 생긴 뒤로는 다소 복잡한 표현을 넣어서도 얼마든지 영작이 가능했고 응용도 자유로웠습니다.

물론 영어 표현은 한계가 없기 때문에 완벽히 습득할 수는 없지만, 외국어로서 영어를 사용하기 위해 필요한 표현은 한정된 시간 안에 충분히 익힐 수 있었습니다.

저는 『순간 영작문』 트레이닝 덕분에 그 후 영어권에서 생활하게 되었을 때도 원어민들과의 언어 소통에 별다른 어려움을 느끼지 못했습니다. 거기에는 약 수개월 동안 연습했던 기본 문형 영작이 가장 큰 역할을 했다는 것을 자신 있게 말할 수 있습니다. 저의 경험과 노하우가 고스란히 실려 있는 이 책으로 영작과 회화를 동시에 잡아보시기를 진심으로 기원합니다.

지은이 모리사와 요스케

지은이 모리사와 요스케

아오야마 대학 프랑스 문학과 중퇴. 대학 입학 후 순간 영작문 트레이닝으로 일본을 전혀 벗어나지 않고도 영어를 완벽하게 습득했다. 입시학원 영어강사 등을 거쳐, 1989~1992년 아일랜드 더블린에서 여행업에 종사했다. 현재 일본에서 영어학습법 지도를 주안점으로 무츠노 영어학원을 운영하고 있다. 주요 저서로는 《순간 영작문 셔플 트레이닝(중급)》《순간 영작문 패턴 프랙티스(고급)》《영어 실력 향상 완전 지도》《영어는 외우지 마라》《말할 수 있다! 비즈니스 영어》《음독 패키지 트레이닝》《순간 영작문 드릴》 외 다수가 있다.

옮긴이 은영미

현재 전문 번역가로 활동 중이며 출판기획도 겸하고 있다. 주요 역서로 《순간 영작문 셔플 트레이닝(중급)》《순간 영작문 패턴 프랙티스(고급)》《CD만 들어라, 영단어가 저절로 외워진다(초·중급)》《CD만 들어라, 영어표현이 저절로 외워진다》《CD만 들어라, 영숙어가 저절로 외워진다》《Big Fat Cat의 세계에서 제일 간단한 영어책》《보물지도》《나는 한 번 읽은 책은 절대 잊어버리지 않는다》《버리고 비웠더니 행복이 찾아왔다》《우리는 좁아도 홀가분하게 산다》 외 다수가 있다.

말문이 술술 트이는
순간 영작문 (초급)

3판 1쇄 인쇄 2018년 8월 1일 | **3판 6쇄 발행** 2022년 11월 10일

지은이 모리사와 요스케 | **옮긴이** 은영미 | **펴낸이** 이종근
기획 은영미 | **영어교정** 차용해 | **성우** Anna Paik, 문남숙
디자인 더젬 | **마케팅** 황호진 | **관리** 김규환

펴낸곳 나라원
출판신고 1988. 4. 25(제300-1988-64호)
주소 서울 종로구 종로53길 27(창신동) 나라원 (우. 03105)
전화 02-744-8411(대표) **팩스** 02-745-4399
홈페이지 www.narawon.co.kr
이메일 narawon@narawon.co.kr

ISBN 978-89-7034-272-6 (13740)

＊잘못 만들어진 책은 구입처에서 교환해드립니다.
＊책값은 뒤표지에 있습니다.